本书列入"十三五"国家重点图书出版规划

— 大学之道 —

The Uses of The University
(Fifth Edition)

大学之用
（第五版）

［美］克拉克·克尔（Clark Kerr） 著
高铦 高戈 汐汐 译

北京大学出版社
PEKING UNIVERSITY PRESS

著作权合同登记号 图字：01-2005-4651
图书在版编目(CIP)数据

大学之用：第五版/（美）克拉克·克尔（Clark Kerr）著；高铦，高戈，汐汐译. — 北京：北京大学出版社，2019.2
（大学之道丛书）
ISBN 978-7-301-29311-9

Ⅰ.①大… Ⅱ.①克…②高…③高…④汐… Ⅲ.①高等教育—教育史—美国—20世纪 Ⅳ.①G649.712.9

中国版本图书馆CIP数据核字（2018）第039495号

Copyright © 1963, 1972, 1982, 1995 and 2000 by the President and Fellows of Harvard College
Published by arrangement with Harvard University Press
Simplified Chinese translation copyright © 2019 by Peking University Press
ALL RIGHTS RESERVED

书　　　名	大学之用（第五版） DAXUE ZHI YONG（DI WU BAN）
著作责任者	〔美〕克拉克·克尔（Clark Kerr）著　高铦　高戈　汐汐　译
丛书策划	周雁翎
丛书主持	周志刚　张亚如
责任编辑	周志刚
标准书号	ISBN 978-7-301-29311-9
出版发行	北京大学出版社
地　　　址	北京市海淀区成府路205号　100871
网　　　址	http://www.pup.cn　新浪微博:@北京大学出版社
电子信箱	zyl@pup.edu.cn
电　　　话	邮购部 010-62752015　发行部 010-62750672　编辑部 010-62753056
印　刷　者	北京中科印刷有限公司
经　销　者	新华书店
	650毫米×980毫米　16开本　12.5印张　186千字 2019年2月第1版　2021年11月第2次印刷
定　　　价	49.00元

未经许可，不得以任何方式复制或抄袭本书之部分或全部内容。
版权所有，侵权必究
举报电话：010-62752024　电子信箱：fd@pup.pku.edu.cn
图书如有印装质量问题，请与出版部联系，电话：010-62756370

目　录

高等教育的新世纪（2001年序）/ 1

1963年序 / 1

第一章　巨型大学的理念 / 1

第二章　联邦拨款大学的现实 / 27

第三章　才智之都的未来 / 49

第四章　20世纪60年代造反以后的再思考 / 72

第五章　试图改革的失败 / 86

第六章　对研究型大学黄金时代的评论 / 107

第七章　一个新的时代？
　　　　从增加联邦财富到增加州的贫困 / 125

第八章　艰难的选择 / 140

第九章　狐狸世纪的"才智之都"？ / 150

专名对照表 / 173

高等教育的新世纪(2001年序)

我在1963年哈佛大学所作的戈德金演说*中说:"美国的大学正处在历史的转折点:虽然维系着往昔,却正在摆向另一个方向。"我想我知道它们当时正在摆向何处,而历史已经证明我总的说来是对的,我当时正瞩目于20世纪末的远景。

现在我们已经进入了21世纪,我再一次看到美国的大学处在历史的转折点上。可是,这一次我看到这种转折在来自许多方向的风势中飘忽摆动——可不是温和的微风!所以我加了新的一章,回顾1963年的情景,勾画2000年所显露出的一些未来的可能,以及一些行动的方针。我知道自己不再具有1963年时的正常视力,但仍然想看看路途上出现了什么——我看到路上满是坑坑洼洼,盗贼密布,通向不明的终点。

因此,《大学之用》的第5版以对比1963年与2000年情况的新的一章收尾。前面的第一、二、三章是我原来的戈德金演说。然后是我就20世纪其余时期大约每隔10年的发展态势所写的一些论述,它们也收录在其后各版中。

第四章写于1972年,所涉及的是60年代学生造反以后我的一些反应。我在1963年的演说成了学生活跃分子的靶子。他们不喜欢我所描述的新的大学世界。学生们却忽视了这样一个事实:我也是不喜欢这个新世界的病态的,而且是其最早的和主要的批评者。"巨型大

---

* 戈德金演说全名为"戈德金演说——论自由政府与公民责任之要旨",最初为纪念埃德温·劳伦斯·戈德金(1831—1902)而创设于1903年。该演说在哈佛大学公共行政研究生院主持下每年举行一次,此研究生院在1966年改名为约翰·F.肯尼迪政府管理学院。——译者注

学"(multiversity)成了"克拉克·克尔的巨怪",甚至暗指我是"典型的法西斯主义理论家"。① 随后,在伯克利的斯普劳尔广场上我被简化为"法西斯分子"。人们可能会认为一个大学校长的明智做法是什么也不要写,或者要写的话就只写些老生常谈。我为了当一名诚实的和现实的评论者付出了沉重的代价。

第五章写于1982年,它回顾了学生造反以后尝试学术改革的十年。这个时期产生了许多宣言但没有多少持久的效果。尤其值得一提的是,作为师生积极分子治校方法的"参与性民主"只是昙花一现。主要的长久性改革是设置了一批颂扬族群、种族和性别多样性的课程,通常在大的大学中会影响到1‰或者不到1‰的课程设置。学术改革的这一经验说明,一些教授在注视外部世界时可以多么激进,而当他们向内注视自己时又是多么保守——这是一种分裂的人格。

第六章是我在1995年版中增加的三篇评论中的第一篇。回顾起来,现在我注意到它们总体上都有着悲观的调子:本科生"自由教育"*的衰亡,大学被学科领域、意识形态、性别和族群地位所分散割裂。但与此同时,可以清楚看到美国的大学已成为世界上至高无上的研究机构。它取代了德国大学在19世纪末直到第一次世界大战领导世界的地位。

1963年的社会氛围是愉悦、快活的,但到1994年我写论文的时候,社会情绪却主要是沮丧和疑惑。为什么精神有这么大的变化呢?随着经济生产率增长降到历史低水平以下,资金的流入减少了。联邦

---

① "只要加一句话,克尔的书就会成为典型的法西斯主义理论家的著作。"(黑体是原有的。)引自 Hal Draper, "The Mind of Clark Kerr," in Hal Draper, *Berkeley: The New Student Revolt* (New York: Grove press, 1965), p.212.

* liberal education 起源于古希腊的 *eleutherios paideia*(自由人的教育,绅士的教育)和古罗马的 *Liberaliter educatione*(字面含义为"自由人的教育",一般译为"绅士般的教育")。16、17世纪,在英国与绅士理念相合流,遂演变为近代博雅教育概念,并在18、19世纪成为体系化、理论化的教育学说。在18、19世纪的英国,liberal education 中的 liberal 一词具有两个最为基本的语义:1. 博学的、通识的、非专业性的、丰富的;2. 符合绅士身份的、高雅的(genteel),liberal education 意指以培养绅士为宗旨,以古典文学、逻辑和数学为基础的非专业性教育,当译做"博雅教育"。19世纪初,通识教育(general education)一词逐渐在英国流行开来,并成为 liberal education 的同义词。至20世纪,liberal education 和传统的绅士阶层脱离了联系,但继续意指非专业性的教育,等同于通识教育。与此同时,由于心智训练学说和自由主义在教育理论领域占据主导地位,liberal 的语义发生了很大的变化,其语义不再包括"符合绅士身份的、高雅的",liberal 越来越等同于"解放的"(liberating)、"自由的"(free)。因此,在20世纪的美国,liberal education 一般可译为"自由教育",意指以解放心智为目的、以培养自由公民为宗旨的非专业性教育。本书除了在少数地方根据具体语境将 liberal education 译为"博雅教育",一般都译为"自由教育"。——译者注

政府在"二战"以后对高等教育的巨大热情（表现为对研究、发展和学生拨款及贷款的支持）已经消竭。

学生入学的快速增长趋势已经放慢，虽然人们所预计的 80 年代"人口萧条"并未出现。

学术改革运动已经失败。最后一次企图恢复重视本科生及其自由教育的努力——在圣克鲁斯加利福尼亚大学——落败了，早些时候在芝加哥大学的哈钦斯试验和哈佛大学的"红皮书"改革也是如此。大学界分裂为一系列互相争斗的成分。经济萧条减少了国家对高等教育的资助。1963 年的"光明在前"变成了 1994 年的"暗云四起"。

当时我并没有认识到 90 年代中期学术界情绪的变化究竟有多大。它已成为各界中最糟糕的状况。高等教育在 1980 年已进入萧条状态而且持续如此——学术大萧条。

第七章也写于 1994 年，它继续讨论这一萧条，特别注意到了高等教育外部资金的减少。它也痛感高等教育"行会"地位的瓦解以及亨利·罗索夫斯基所谓的专业人士"公民道德"的沦丧。①

第八章是 1995 年版增加的评论中的最后一篇，继续描述似乎会在今后出现的一些艰难选择，特别是高等教育长期面对的却从未找到满意结果的一些选择。一个就是如何更好地使用资金，另一个是高等教育如何更好地帮助初等教育和中等教育。可是，在探讨美国高等教育的未来时（这是我在 1963 年就已开始的工作），我以谨慎的乐观态度结束了此章。

第九章为这一系列论文作结。一本书能持续如此之久，这要归功于哈佛大学出版社，尤其是主编艾达·唐纳德的善意与持久的兴趣，现在我谨将这些论文呈献给他。这一章提出了摆在面前的一些挑战，它们的复杂性使我们在 1963 年所面临的任何情况都相形见绌。本章结束时我的态度可以称之为"谨慎的困惑"，但我深信，新知识仍然在使世界运转，大学仍然是它的主要源泉。

---

① Henry Rosovsky, *The University: An Owner's Manual* (New York: W. W. Norton, 1990), p. 297.

1963年序

美国的大学正处在历史的转折点上:虽然维系着往昔,却正在摆向另一个方向。本书基于1963年4月23日、24日和25日在哈佛大学所做的1963年戈德金演说,旨在描述和评价美国高等教育的一些意义重大的新发展。书名"大学之用"意味着一个总的说来比较乐观的调子,因为我们主要关心的不是大学之*误用*。然而,与此同时,也要指出:在后面的讨论中,分析不应混同于赞成或辩解性的描述。

虽然大学是我们最古老的社会机构之一,今天的大学在社会里却具有一种相当新颖的地位。它面临没有什么先例可循的新角色,仅用老生常谈是无法掩盖清晰可见的变化的。老生常谈和缅怀既往没什么用,大学需要严格注视它今天所处的现实世界。

对大学来说,基本的现实是广泛承认新知识是经济和社会发展的最重要因素。我们现在正在觉察到:大学的无形产品——知识——可以是我们文化中唯一最强大的因素,它影响各种职业,甚至社会阶级、地区和国家的兴衰。

由于这一根本现实,大学正在前所未有地被要求生产知识来满足公民和地区的目的,满足国家的目的,甚至根本不为什么目的,就是相信大部分知识最终都可以为人类服务。而且,大学还被要求把知识传递给空前广泛的人民大众。

这种现实正在重新塑造大学的性质和质量。关于师生关系、研究、教务与行政作用的老观念正以无可比拟的速度变化着。而这一切发生在似乎整整一代人正在敲着大门要求入学的时候。对本性保守的大学教师来说,新一代人敲门的声响往往类似于暴民的嚎叫。对政客来说,这是要服从的信号。对行政领导来说,这是我们处在新时代的一项警告,警告我们现在作出的决定将不平常地产生佳音或恶果。

因此,大学已开始在我们所有人中间具有新的中心地位,对于那些从未见过常青藤学府的人们以及那些业已学成或仍在寒窗苦读的人们都一样。

直到最近,大学始终是突出地未曾得到研究的机构。西摩·哈里斯是我最早结识的经济学家朋友之一,他把教育作为任何其他社会活动来观察并对它进行经济分析。今天,教育——包括高等教育——正在各方面受到细查。这反映出它对经济增长、国际竞争、政治与社会发展以及文化发展的用途。我们不知道在人们开始连篇累牍地写作和谈论大学以前,在人们开始意识到它的用途以前,大学是不是一处更好的地方。

第一章　巨型大学的理念

大学开始时是一个单一的共同体——老师和学生的共同体。甚至可以说,它具有灵魂,即某种生机勃勃的核心原则。今天,大型的美国大学就是用一个共同的校名、共同的校务管理委员会和有关的目标结合在一起的一系列共同体及活动。对这种巨大的转型,有些人表示遗憾,许多人表示同意,还有少数人感到得意。但是,这应当得到所有人的理解。

今天的大学某种程度上或许可以通过它同过去的情况作比较而得到了解——同红衣主教纽曼的学术修道院作比较,同亚伯拉罕·弗莱克斯纳的研究机体作比较。这些都是它从中派生的理想类型,它们仍然构成它的一些居民的幻想。可是现代的美国大学既不是牛津大学也不是柏林大学,它是世界上的一种新型机构。作为一种新型的机构,它不是真正的私立,也不是真正的公立;它既不完全是世界的,也不完全脱离世界。它是独特的。

把"大学的理念"表达得最好的或许是红衣主教纽曼在一个多世纪以前从事建立都柏林大学时所说的话。① 他的观点反映了当时他所在的牛津大学的发展现状。红衣主教纽曼写道,一个大学是"一切知识与科学、事实与原则、探究与发现、实验与思辨的至高保护力,它划出才智的领域,使任何一方既不侵犯也不投降"。他赞成"博雅知识"

---

① John Henry Cardinal Newman, *The Idea of a University* (New York: Longmans Green and Co., 1947). 这里的引文摘自 pp. 129, 91, xxvii, 157。

(liberal knowledge),说"有用的知识"是"一堆糟粕"。

纽曼特地同培根的幽灵作斗争,培根在大约250年前曾经谴责"那种对心智的崇拜……人们由此过多地脱离对自然的思考以及对经验的观察,一直在自己的理性和幻想中反复折腾"。培根相信知识应当是为了人类的福祉和裨益,认为它"不应当像只满足取乐和虚荣的妓女,或者为主人驱使的女奴;而应当是能传宗接代和愉悦欢娱的妻室"。①

纽曼对此回答称:"知识可以是它本身的目的。人类心智的构成特点在于:任何一种知识,如果真的是知识的话,就是它本身的酬报。"他在一次对培根的尖锐攻击中说:"先生,你会说,功利哲学至少起了它的作用。我承认——它目标低下,但它完成了它的目标。"纽曼觉得其他机构应当从事研究,因为"如果大学的目的是科学与哲学的探索,那么我真不明白大学为什么要招收学生"——这个看法赢得了今天学生们挖苦式的模仿,他们时常认为他们的教授对他们根本不关心,关心的只是研究。纽曼说,大学的训练"旨在提高社会的智识风尚,培育公众的心智,纯洁国家的情趣,为大众的热情提供真实的原则,为大众的渴求提供确定的目标,使时代理念开阔而清醒,使政治权力便于行使,使私人生活的交往温良优美"。它使人"能出色地担任任何职务,能熟练地掌握任何问题"。

这个美妙的世界就在它被如此美妙地描绘时就已永远地破碎了。1852年,正当纽曼写作《大学理念》的时候,德国的大学正成为新的楷模。民主、工业与科学革命都在西方世界大力进行。"在任何社会里游刃有余"的先生们很快对什么都不在行了。科学开始取代道德哲学的地位,研究开始取代教学的地位。

用弗莱克斯纳的话②来说,"现代大学的理念"已经在诞生了。弗莱克斯纳在1930年说,"大学不是处在一个时代的社会总体组织外

---

① Francis Bacon, "The Advancement of Learning," *Essays*, *Advance Of Learning*, *New Atlantis and Other Places* (New York: Odyssey Press, Inc., 1937), pp. 214–215.

② Abraham Flexner, *Universities: American, English and German* (New York: Oxford University Press, 1930). 引文摘自第3、4、42、179、132、25、44-45、197、193、231、235、197、178-179页。

部,而是在其内部。……它不是分隔开的,不是历史的,尽可能不顺从于或多或少的新势力和新影响。正相反……它是时代的表述,也是对今日和未来发生着的影响"。

很清楚,1930年时"大学已发生了深远的变化——通常朝着它们所参与的社会演变的方向"。这种演变使系科成为大学,出现新的系科;越来越多的研究所出现了;成立了巨大的研究型图书馆;把进行思索的哲学家变成实验室里或者图书馆书库里的研究者;从专业人员手中取来药物交到科学家之手,等等。不是关心学生个体,而是关注社会的需要;不是纽曼的"自然规律的永恒真实性",而是新事物的发现;不是多面手,而是专门家。在弗莱克斯纳的话里,大学成为"一个有意识地致力于追求知识、解决问题、鉴别成就以及培训真正高水平人才的机构"。一个人不再可能"精通一切"——纽曼的万能通才人物一去不复返了。

但是正当弗莱克斯纳写到"现代大学"的时候,它却又不存在了。洪堡的柏林大学正在被玷污,就像柏林大学曾经玷污牛津大学的灵魂那样。大学包罗了太多的东西。弗莱克斯纳自己抱怨说,它们是"中等学校、职业学校、教师培训学校、研究中心、'进修'机构、生意事务——如此等等,一股脑儿"。它们从事"难以置信的荒唐活动",处理"一大批无关紧要的事务"。它们"不必要地使自己丢份儿、庸俗化和机械化"。最糟糕的是,它们成了"公众的'服务站'"。

甚至是哈佛大学。弗莱克斯纳核算:"哈佛的总支出中不到1/8用于大学应当进行的大学**核心**学科。"他奇怪的是:"谁把哈佛逼上这条邪路?谁也不是。它喜欢这样;这种事情喜欢这样。"这显然不讨弗莱克斯纳的喜欢。他希望哈佛摆脱商学研究生院,如果它必须存在的话,就让它成为"波士顿商学院"。他也不要新闻学院和家政学院,不要足球课、函授课程以及其他许多东西。

不但哈佛和其他美国大学是如此,还有伦敦大学。弗莱克斯纳质问:"伦敦大学到底算是什么意义上的大学?"它只是"一个联合会"。

到了1930年,美国的大学已远远脱离弗莱克斯纳的"以文理科研究生院为中心的、有坚实专业学院(在美国主要是医学院和法学院)及某些研究所"的"现代大学"。它们正越来越不像"真正的大学"——所谓

"真正的大学",弗莱克斯纳指的是,"一种以崇高的和明确的宗旨以及以精神与目的的统一为特点的有机体"。当弗莱克斯纳在1930年写到"现代大学"时,现代大学已经几乎死亡,就像老牛津大学在1852年被纽曼理想化时那样。历史的发展快于观察家的手笔。古代经典和神学以及德国的哲学家和科学家都不能为真正现代的大学——巨型大学——定下调子。

关于"巨型大学的理念",没有吟游诗人为其唱赞美歌;没有预言家宣告它的形象;没有守护人保卫它神圣不可侵犯。它有它的批评者、贬损者和侵犯者。它有它的叫卖者向愿意听的人推销商品——许多人买了。但是它的现实也扎根在历史逻辑之中。在各种高雅的选项中它是绝对必要的,而不是有理由的选择。

内森·珀西校长在他给哈佛大学监理会委员们的最新年度报告中写道,当前委员们的平均毕业时间是1924年;而1924年以来哈佛已发生了许多事情。一半的建筑物是新的。教师增长了5倍,预算增长了近15倍。"几乎在任何地方都可以找到促使课程设置和当代大学性质发生改变的例子:拓展国际视野,推进知识,以及尝试越来越复杂的研究方法。……亚洲与非洲,无线电天文望远镜,微波激射,激光,以及1924年想象不到的星际探索方法——这些和其他发展引起了当代大学学术取向和志向的巨大变化,使得我们学生时代所了解的大学现在看来是奇怪地不发达,确实是非常简单的、几乎不相干的一种机构。而变化的步子还在继续下去。"①

不仅仅是哈佛。加利福尼亚大学1962年各种来源的运营开支几乎达5亿美元,而且另有近1亿美元的建设费;总共雇用4万人以上,比国际商用机器公司(IBM)还要多,而且有多得多的各种努力;有一百多个场所、校园、试验站、城乡推广中心以及包括五十多个国家的国外项目;它的大学概况手册中几乎包罗1万门课程;与几乎每个产业、几乎每级政府、本地区的几乎每个人确立了某种形式的合同。提供并保有大量贵重设备。它们医院里有4000名婴儿出生。它是世界上最大的白鼠供应者。它很快将会有世界上最大的灵长目聚居地。

---

① Harvard University, *The President's Report*, 1961—1962, p.3.

它很快也会有10万名学生——其中3万是研究生,可是它的开支中直接用于教学的远远不到1/3。它已经有大约20万名进修补习生——包括全州1/3的律师和1/6的医生。哈佛大学和加利福尼亚大学是许多大学的写照。

纽曼的"大学的理念"仍然有它的热心坚持者——主要是人文学者和通才主义者以及本科生。弗莱克斯纳的"现代大学的理念"仍有其支持者——主要是科学家、专家以及研究生。"巨型大学的理念"有它的实行者——主要是现在的大学教职员之中那些为数众多的行政管理人员以及社会上一般的领导集团。在大学教师俱乐部和学生咖啡馆里,对这方面的争论仍然进行着;而牛津、柏林和现代哈佛的模式都以其性质与目的的单一想象鼓舞了一度是"师生共同体"的部分人。这些相互竞争的大学理念,各自涉及的是不同的历史和不同的势力网,造成了今日大学界的许多疾患。大学对不同的人而言意味着完全不同的事物,它必定会与自身局部地发生争斗。

巨型大学是怎么发生的?没有人创建它;事实上,也没有人设想它。它在很长的时期里逐渐出现,它还会长时期继续下去。它的历史是什么?它是怎么治理的?巨型大学内的生活怎么样?它存在的道理是什么?它有没有前途?

历 史 线 索

巨型大学肇始于诸多历史线索。就识别其起源而言,可以追溯到希腊时期。但当时就有若干个传统。柏拉图使他的学园主要专注于真理本身,但也专注于那些将成为君王的哲学家们的真理。诡辩学派,他们为柏拉图所憎恶而被安上一个持续至今的恶名,也有他们的学府。这些学府讲授修辞学以及其他有用的技能——他们更感兴趣于生活中可以达到的成就而不是难以达到的真理。毕达哥拉斯信徒们关心数学与天文学。现代学者喜欢把他的学术祖先追溯到柏拉图学园的林间,但是有着专业学院和科学研究所的现代大学可能同样瞩目于诡辩学派和毕达哥拉斯学者。人文学者、专业人员和科学家们也都寻根到古代。"两种文化"或"三种文化"都几乎同文化本身一样古老。

可是,尽管有它的希腊先驱,正如黑斯廷斯·拉什达尔所写的,大学是"显著的中世纪机构"①。在中世纪,它发展出今天流行的许多特点——一个校名和一个中心场所,具有某些自主权的老师,学生,一套讲课系统,一个考试与学位程序,甚至一个具有若干系科的行政管理结构。(意大利)萨莱诺大学的医学,(意大利)博洛尼亚大学的法学,以及巴黎大学的神学与哲学都是伟大的先行者。大学开始成为专业的中心、古典研究的中心、神学与哲学论争的中心。效法巴黎大学而产生的牛津与剑桥以它们独特的方式发展着,它们特别强调寄宿制专业学院而不以分散的系科作为主要单位。

到18世纪末,欧洲大学成为寡头机构,从此之后很长时期一直如此。其教学内容僵硬,在它们的社会中成为反动的中心——在很多方面反对教会革新运动,不赞同文艺复兴的创造精神,对新科学抱有对抗情绪。它们对当代事务的不屑一顾简直相当明显。它们就像没有窗户的城堡,极其内向。但是变革的潮流可以冲击得相当深入。在法国,大学被大革命冲垮,几乎像克伦威尔时期的英国那样。

大学在德国得到了重生。哈雷大学在1693年完全取消了讲授拉丁文,哥廷根大学在1736年开始讲授历史学。但正是威廉·冯·洪堡凭借他在普鲁士内阁中的优越地位而于1809年建立了柏林大学,这是戏剧性的事件。强调的是哲学与科学、研究、研究生指导、教授与学生的自由(教与学的自由)。成立了系和研究所。教授确立为大学内外的大人物。柏林大学的规划很快扩展到全德国,当时德国在拿破仑手下遭受溃败的震惊之后正进入一个工业化和强烈民族主义的时期。大学带来了两大力量:科学与民族主义。确实,德国大学系统后来由于无批判地依靠终生统治它的系和研究所的专科大人物而陷于困境,以致因为全部依赖国家而被希特勒破坏。但是这并不否定这个事实:19世纪的德国大学是世界上强有力的新机构之一。

---

① Hastings Rashdall, *The Universities Of Europe in the Middle Ages* (3 vols., 1895, ed. F. M. Powicke and A. B. Ernden, Oxford: Claredon Press, 1936), Ⅲ, p. 358.

当1809年柏林大学建立的时候,美国已经有了若干按照牛津与剑桥的学院模型发展起来的学院。它们专注于加尔文教派以培养未来的牧师,专注于经典以培养年轻的绅士。本杰明·富兰克林在18世纪50年代对宾夕法尼亚大学(当时叫费拉德尔菲亚学院)有过不同的想法。① 他反映洛克的思想,想要"**一种更加有用的**青年心灵的文化"。他有兴趣培训农业与商业人才,探求科学。教育应当"为人类服务"。但这些思想直到一个世纪之后才扎下根来。杰斐逊吸收了法国的启蒙思想,创建了弗吉尼亚大学,为之确立了包括数学与科学在内的广泛课程以及选修课(半个世纪以后,埃利奥特使选修课制度在哈佛大学声名远扬)。他大力强调图书馆——当时这几乎是一种革命性的思想。但这些思想的应用又被人大推迟了。

现代美国大学发展的真正路径开始于1825年哈佛大学的乔治·蒂克纳教授。他试图按照他曾就学的哥廷根大学的模式来改革哈佛大学,并且发现,改革哈佛必须要等到40年后由一个叫埃利奥特的人来掌握校长权力。当时的耶鲁大学是反动势力的中心——它著名的1828年学院报告是无事可做的一个响亮公告,或者说,耶鲁或上帝至少没有什么事情不曾做过。② 布朗大学的弗朗西斯·韦兰在19世纪50年代为德国的大学制度,包括一项选修课计划,大大奋斗了一番,就像密歇根大学的亨利·塔潘那样——两人都没有成功。

然后出现了突破。对加利福尼亚大学当时严峻前景不抱幻想的丹尼尔·科伊特·吉尔曼在1876年成了新的约翰·霍普金斯大学的第一任校长。这个机构开始时是一所强调研究的研究生院。弗莱克斯纳认为吉尔曼是伟大的英雄人物——而约翰·霍普金斯大学是"美国高等教育中从未见过的最具鼓舞作用的影响力"。哈佛的杰尔斯·W.埃利奥特追随吉尔曼的突破,哈佛在他的任期内(1869—1909)非常重视研究生院、专业学院和研究——它成了一所大学。不过埃利奥特还作出了自己的特殊贡献:他确立了选课制,允许学生选

---

① Benjamin Franklin, *Proposals Relating to the Education of Youth in Pensilvania* (Philadelphia, 1749).

② *Reports of the Course of Instruction in Yale College by a Committee of the Corporation and the Academical Faculty* (New Haven, Conn.: Hezekiah Howe, 1828).

择自己的学习课程。其他人很快地跟上来了——康奈尔大学的安德鲁·迪克森·怀特,密歇根大学的詹姆斯·B.安杰尔,哥伦比亚大学的弗雷德里克·巴纳德,明尼苏达大学的威廉·W.福尔韦尔,斯坦福大学的戴维·斯塔尔·乔丹,芝加哥大学的威廉·雷尼·哈珀,威斯康星大学的查尔斯·K.亚当斯,加利福尼亚大学的本杰明·艾德·惠勒。当时正在扩张的各州立大学仿效霍普金斯大学的思想。耶鲁和普林斯顿则追随于后。

霍普金斯大学的思想包括:具有极高学术标准的研究生院,这仍然是一种新鲜的文明;专科教育的革新,特别是医科;确立各系的杰出影响;创建研究所和研究中心、大学出版社和学术期刊及"学术阶梯";课程设置大增。如果学生能自由选课(这是19世纪初德国大学学习自由的一个方面),那么教授就能自由提供他们的商品(正如一个半世纪以前,发展中的德国大学的又一伟大口号"讲授自由"所保证的那样)。然而,选课制度却更多服务于教授而不是学生,而这一制度首先却是为学生而设的,因为这意味着课程设置不再如1828年耶鲁教师们坚持的那样受教育政策的控制。每个教授有自己的兴趣,每个教授希望有他自己特殊课程的地位,每个教授有自己的课程——大学概况手册中往往包括3000门以上的课程。当然,由于新的研究,在这3000门课程以外还有更多的知识,否则情况就不可能了。总之,学生选课自由成为教授发明自由,而教授对专业化的喜爱导致学生对细碎化的憎恶。出现了一种学术放任的古怪现象。学生已不像亚当·斯密的理想买主,他们**必须**消费——通常每周15小时。现代大学诞生了。

与霍普金斯试验同时出现的是赠地运动——这两种影响比一开始的表现更为一致。一种是普鲁士的,另一种是美国的;一种是精英的,另一种是民主的;一种是学术上纯洁的,另一种是为土地和机器的合同所玷污的。一种面向康德和黑格尔,另一种面向富兰克林、杰斐逊和林肯。但它们都服务于一个正在工业化的国家,它们这样做都借助于研究和技术能力的培训。两股历史时段在现代美国大学中交织在一起。密歇根成了一所德国式大学,哈佛成了没有土地的赠地式机构。

赠地运动带来了农业与工程学院(在德国被降为技术学校)、家政学院与企业管理学院;使大学的大门既面向中产阶级和上层阶级子女,也面向农民和工人子女;引进了农业试验站和服务局。艾伦·内文斯在评论1862年莫里尔法案时说:"这一法案使得广大被忽视的领域得到教育指导,它开启了机会之门,使民主更加自由、更有应变力、更加活跃。"①

第一次世界大战以前赠地运动出现了一个主要的新发展,当时赠地大学把它们的活动扩展到校园范围之外。在第一届罗斯福政府和第一届拉福莱特政府的进步主义之下,"威斯康星理念"开始繁荣发展。威斯康星大学,尤其是在查尔斯·范·海斯校长任内(1903—1918),把改革方案带进了麦迪逊的立法议会,通过约翰·R.康芒斯支持工会运动,前所未有地发展了农业与城市补修课。大学为全州服务。其他的州立大学也做类似活动。甚至私立大学,如芝加哥和哥伦比亚,也设置了重要的补修计划。

与社区建立了新的接触。大学体育运动特别在20世纪20年代成为一种公众娱乐的形式,在60年代,甚至在常春藤名牌大学,这也是并不少见的。即使大学球队最差或最不受重视,供公众观赏的大学体育运动是不会消失的,也没有大学会这样做。

对这些发展,偶尔会出现一场反革命。哈佛的A.劳伦斯·洛厄尔(1909—1934年在任校长)强调本科生院和课程专修,以此反对埃利奥特的研究生工作和选课制。埃利奥特和洛厄尔都能看到截然相反的对哈佛以及对现代美国大学的评论,同一个机构可以追随他们两人并为此而得意。大学具有一种独特的能力,它可以趋向各个不同方向而仍然守住原地,哈佛就确实表明是这样。在芝加哥大学,在洛厄尔以后很久,罗伯特·M.哈钦斯试图使大学回到红衣主教纽曼,回到托马斯·阿奎那,回到柏拉图和亚里士多德。他成功地恢复了他热爱并娴熟的哲学对话,但是芝加哥大学仍然是一所现代美国大学。

然而,从这种反革新中出现了对学生生活的新的大力强调——特别是对本科生。努力建造美国版的牛津和剑桥;在30年代、40年代和

---

① Allan Nevins, *The State Universities and Democracy* (Urbana: University Of Illinois Press, 1962), p. vi.

50年代期间许多地方纷纷出现寄宿楼、学生会、校内体育场、本科生图书馆、咨询中心。这和纯粹的德国模式还有很大距离,德国模式仅仅向学生提供教授和课堂,对德国模式的推崇使塔潘废除了密歇根大学的学生宿舍。随着优等生荣誉课程、导师制、独立学习的实行,英国影响又回来了。

从所有这些片断事件、试验和纷争中,达成了一种不大可能的共识。本科生生活设法仿效英国人,他们在这方面做得最好,而且历史联系可上溯到柏拉图,人文学者往往在这里获得同情。研究生生活和研究员仿效德国人,他们一度做得最好,历史渊源上溯到毕达哥拉斯;科学家对这些都给予支持。"较小的"专业(比法学和医学小的专业)以及服务活动仿效美国的方式,因为美国人在这方面最佳,历史脉络上溯到诡辩学派;社会科学家最可能抱同情态度。洛厄尔最大的兴趣在第一种,埃利奥特在第二种,詹姆斯·布赖恩特·科南特(1934—1954年在任哈佛校长)最大的兴趣在第三种发展线路及其综合。导致的结合似乎并不可行,但它使美国有了一种极为有效的教育体制。任何地方的大学在服务本科生方面不可能比英国有更高的目标,在服务研究生和研究人员方面不可能比德国有更高的目标,在服务一般公众方面不可能比美国有更高的目标——在保持不安定的整体平衡方面不可能如此混乱。

巨型大学的治理

巨型大学是一个不一致的机构。它并不是一个群体,而是若干群体——本科生群体与研究生群体;人文学者群体,社会科学家群体,科学家群体,各专业学院群体;所有非学术人员群体;行政管理者群体。它的界线是模糊的——它延伸到校友、立法议员、农民、商人,他们都关联到一个或几个这些校内群体。作为一个机构,它观察遥远的过去和遥远的未来,但往往与当前不相一致。它几乎奴颜婢膝地服务于社会——它也批评这个社会,有时还很无情。它致力于机会平等,但本身是一个阶级社会。一个群体,像中世纪的师生群体那样,应当具有共同的利益;在巨型大学里面,他们却相当不同,甚至争斗。一个群体应当有一个灵魂,一个单一的有活力的宗旨;而巨型大学则有若干个灵魂——有些相当好,虽然对于哪些灵魂真正值得拯救有着很多辩论。

巨型大学是一个名字。它的意义比它听起来好像是什么要多得多。这个机构的名字指某种标准的业绩,某种程度的尊重,某种历史遗产,一种独特性质的精神。这对于教师和学生、对于政府部门以及学校与之交往的产业都是极端重要的。保护和加强它的名字的威信是巨型大学的中心大事。它的名誉(就是约翰·J.科森所谓的"学校声望"[①])如何呢?

弗莱克斯纳把大学考虑为一个"机体"。在一个机体中,部分与整体是复杂地结合在一起的。巨型大学却不是这样——可以增加和减少许多部分而对整体没有什么影响,或者甚至毫不受人注意,或者滴血不流。它更多的是一种机制——一系列过程产生一系列结果——这个机制由行政规章联结在一起,由金钱作动力。

哈钦斯曾经把现代大学描述为一系列分散的学院和系科,由一个中央供暖系统联结起来。在一个取暖较不重要而汽车比较重要的地方,有时我把它想象为一批教师企业家由于共同对停车有意见而联合起来的机构。

它也是一个像城市或城邦的政府体系,即巨型大学的城邦。它可能不一致,但它必须治理——它不再是行会(the guild),而是一个很复杂的实体,这个实体里各部门权力很大。有若干竞争者争夺这种权力。

学生 学生曾经一度拥有所有权力,那是在博洛尼亚大学。他们的协会(guilds)治校并支配老师。学生对老师比老师对学生更为严厉。博洛尼亚模式对萨拉曼卡以及总体上对西班牙都有影响,然后对拉丁美洲有影响,直到今天在拉丁美洲大学的最高管理委员会里通常都有学生。他们的影响一般更多的是降低而不是提高学术标准,虽然

[①] John J. Corson, *Governance of Colleges and Universities* (New York: McGraw-Hill, 1960), pp. 175–179.

也有例外,例如在庇隆政权被推翻以后在里谢里·弗朗迪西领导下的布宜诺斯艾利斯大学。学生也使大学作为一个机构参与当时的国内政治纷争。

杰斐逊在19世纪20年代试行了一种学生自治制度,但当所有的教授都要辞职时他很快取消了这一制度。他赞同学生和教员都实行自治,但从未看出双方如何能同时进行——任何其他人也不知道。虽然何塞·奥尔特加-加塞特在马德里大学向学生联合会作报告时表示愿意把整个"大学的使命"交给学生,他却忽略了论及教师的反应。①

第一次世界大战以前曾兴起过成立学生自治会的相当大的浪潮,这是当时"威斯康星理念"的一部分。它们在课外活动方面发现了自己的权力,此后一直保留着。它们的课外计划有助于在诸如演讲辩论、戏剧表演、文学杂志等不同领域扩大学生生活。

然而,学生的确具有很大的和严格意义上的学术影响,大于他们通常的影响力。选修制使他们有机会帮助决定大学发展的领域和学科。他们作为消费者的选择引导着大学的扩大和收缩,这一过程比医科中更加僵硬的由生产者决定一切的行会制(在这一体制下,传统的做法是在招生方面实行定额)远为优越。学生们还通过他们的赞助人指定大学老师。事实上教师可以指定教师,但在这批教师中学生可以挑选真正的教师。在一个大的大学中,1/4的教师可能由学生选择来进行一半或更多的实际教学;学生们还让1/10的或更多的教师几乎处于"待岗"状态。

教师　教师公会组织并经营着巴黎大学,后来它们也在牛津和剑桥这样做。在牛津和剑桥,有几个世纪通过各学院而实施的教师控制一直比其他任何地方更为强大,但在晚近时代,即使在那里也已大大削弱。

在美国,第一次向教师大力授予权力的重点大学是耶鲁,当时杰里迈亚·戴任校长(1817—1846)。正是戴在位期间,发表了1828年耶鲁教师报告。相对而言,正如麦克乔治·邦迪以他无与伦比的方式

---

① José Ortega y Gasset, *The Mission of the University* (London: Kegan Paul, Trench, Trubner and Co., Ltd., 1946), p.56.

所说的,哈佛一直具有"相当高压和集权的行政行为——但总的说来它并未因之受害"①。

在美国和英联邦,或迟或早,教师一般都取得了对录取学生、批准课程、考试和授予学位的权力——这一切都根据教师们总的观点以常规方式处理。他们也对教师任命和学术自由有相当大的影响,那不是常规地处理的。这些领域里教师的控制和影响对于学术生活的正确实施是很重要的。一旦确立了选修制,教育政策对教师就不太重要了,虽然在洛厄尔领导下的哈佛,对选修制进行了修改以提倡对集中和分派工作的一般规则。自从哈佛在1945年采用了通识教育计划②,以及哈钦斯离开芝加哥,就很少有教师讨论通识教育政策。相对而言,在英国则很多,特别在"新大学"中——在那里,教师对教育政策的讨论一直很活跃,因此教师影响很大。

教师对美国巨型大学发展的总方向所施加的有组织的控制或影响一直相当少,正如联邦拨款大学的发展所表明的。可是在扩大研究所的领域和研究拨款方面,个别教师的影响相当大,甚至是决定性的。当然了,它离阿贝拉尔时代的巴黎大学还有很大距离。

公共当局 "公共"当局是一个很混杂的实体,包括君王和教皇、教育部部长、拨款委员会、校董以及皇家委员会。但不论系统来源如何,几乎到处都会有一个公共当局。甚至在中世纪,君王和教皇、公爵、红衣主教和市政委员会出来授权或建立大学,使它们合法——仅靠行业公会是不够的。当亨利八世因为一个妻子而陷入麻烦*时,这彻底震撼了牛津和剑桥。

---

① McGeorge Bundy, "Of Winds and Windmills: Free Universities and Public Policy," in Charles G. Dobbins, ed., *Higher Education and the Federal Government*, *Programs and Problems* (Washington, D.C.: American Council on Educafion, 1963), p.93.

② *General Education in a Free Society*, Report of the Harvard Committee with an Introduction by James Bryant Conant (Cambridge, Mass.: Harvard University Press, 1945).

* 英格兰国王亨利八世先后娶了六个妻子。此处所指的"为一个妻子发生麻烦"是指亨利八世与原配妻子凯瑟琳的离婚事件。凯瑟琳原为西班牙公主,只生了一个女儿,在她人老珠黄之后,急于要一个男继承人的亨利八世转而爱上了她的侍女安妮·博林。亨利八世坚持要与凯瑟琳离婚,却遭到英格兰国内正统天主教势力的反对。当离婚诉讼提交给罗马教廷时,教皇克莱门特七世慑于凯瑟琳的侄子神圣罗马帝国皇帝查理五世的威势,对离婚案迁延不决。亨利八世为了达成自己的心愿,最终发动宗教改革运动,与罗马教皇决裂。——译者注在现代,拿破仑是最先控制大学体系的。他彻底将其改组,使它成为法国国家管理的教育体系的一部分,这一直延续到今天。他把对教师、工程师等人的研究活动和专门培训机构分出来。大学成为一系列关系松散的专业学院。直到19世纪90年代以后,大学才重新一起成为有意义的实体并恢复了某种教师控制的措施。苏俄仿效法国的形式,甚至有更多的国家控制。

在德国,州政府传统上都事无巨细地控制着大学。意大利政府也是这样。在拉丁美洲,大学保留着或从政府那里取得了一定程度的正式自主权,虽然非正式的现实往往与理论相矛盾。

甚至在英国,"公共当局"也来掌控教师。皇家委员会帮助牛津和剑桥实现现代化。新的工艺大学、苏格兰大学和伦敦大学或者从一开始就有或者设立了包括公共当局非专业成员代表在内的各种性质的管理委员会。从1919年以来,特别从第二次世界大战以来,大学拨款委员会使它自己的影响越来越明显并且越来越有效。

非专业人员委员会是"公共"当局联系大学的有特色的美国办法,虽然16世纪后期的荷兰用过这种办法。在州立大学非专业人员委员会之上的是州财政部和州长以及州立法议会,它们倾向于日益细致地进行检查。

理查德·霍夫施塔特进行过一项有趣的观察:第一个非专业人员委员会和学术自由的第一个有效概念在荷兰是同时发展的;学术自由从来不是从过去什么黄金时代继承下来的,而是从周围社会的机构输入的。①

通过所有这些办法,大学事务中坚持了公共影响。公共影响在巴黎增加,而学生影响则在博洛尼亚下降。在各地,除了牛津与剑桥存在公共影响减少的例外,最终的权威都是在"公共"领域里;这是除少数例外的各地情况,幸好不是运行的最终方式。可是我们已经从教师公会、学生协会、师生协会走了很长一段路。权力的位置通常已经从原来的师生群体内部移向外部。巨型大学的性质不可避免地使这种

---

① Richard Hofstadter and Walter P. Metzger, *The Development of Academic Freedom in the United States* (New York: Columbia University Press, 1955), pp. 71, 61.

历史转移不能以突出的方式进行逆转,虽然巨型大学确实允许亚文化的发展,它们可以相对独立并对总体产生影响。

权力的分布是极其重要的。在德国,权力完全一头交给正教授,另一头交给教育部部长;在牛津和剑桥,曾一度交给教授寡头集团;在美国,很长时期几乎完全交给校长;在拉丁美洲,常常交给校内的学生和校外的政客。

外界与半外界的影响 除了那些交给学生、教师、行政或"公共"方面的正式权力结构以外,大学里还存在着非正式影响的来源。美国的制度对于许多特定公众的压力特别敏感。与美国相比,欧洲大陆和英国的大学同周围社会之间很少存在错综的关系,因此比较内向和独立。"校园的范围就是本州的疆界",这就使内、外界线变得相当模糊;学校成了州,州成了学校。在所谓的"私立"大学里,校友、捐款人、基金会、联邦部门、专业界和企业界在半外界影响中较为突出;在所谓的"公立"大学里,农业界、工会和公学界(public school communities)可能都要加到名单里,还有一个更加无孔不入的报界。巨型大学里有许多"公众"掌握着许多利益,根据巨型大学的性质,这些利益中的许多是相当合法的,其他一些则不足一提。

校行政当局 最初的中世纪大学在开始时没有独立的校行政当局,但很快发展起来了。教师公会或学生选出校长,然后是各学院院长。在牛津和剑桥,各学院的教师也是选出来的。在更现代的法国、德国和意大利,校长处在教师和教育部部长之间,在法国更靠近部长,在德国更靠近教师;在校内他主要作为院长委员会的主席,在法国和意大利院长仍然拥有很大权威。在德国,正教授、系主任、研究所所长是具有指挥权的人物。

甚至在英国,在牛津和剑桥,中央行政当局仍然拥有较大的影响——校长职位(the vice chancellorship)*不能再在教师中随意轮转。现在,校长必须应付大学拨款委员会和其他大学的校长。大学本身有研究实验室、中心图书馆、专业课讲师,它是重要得多的单位,而学院

---

* 在英国一些大学里,荣誉校长(the chancellor)只是名义上的,具体事务由校长(the vice chancellor)负责。——译者注

则远不如大学自主独立。这一切对牛津和剑桥的校行政当局造成了一种危机,那里的行政管理者是见不到听不到的,工作由一小批职员在狄更斯式的办公室里完成。牛津和剑桥正越来越类似那些新的工艺大学。伦敦大学则是自成一类。

一般规则是:各处的校行政当局如果不是由于选择,就是由于环境的力量而成为大学的一个更加突出的特点。当机构变得更大,行政当局就更加正式而分列为不同的职能;当机构变得更加复杂,行政当局整合它的作用就更为关键;当它同外部世界的关系增多时,行政当局就担负起这些关系的职责。大学内也已经在进行管理革命了。

巨型大学的校长:巨人还是调停—创始人?

有时候,据说美国的巨型大学校长是两面人。这不对。如果他是两面人,他就无法生存。他是多面人,也就是说,他必须同时面对许多方面,同时设法不得罪任何重要集团。在这一点上,他在程度上不同于其他的校长与副校长同行们,因为他们的学校开向外部世界的门窗较少,他们面对的只是更少的方面。然而,这种差异不是类别上的。而且关系的紧张度也区别很大,一个拉丁美洲大学的校长,以这一观点看来,当然面临着最棘手的工作,虽然他比北美大学校长较少纠缠在一系列关系之中。

美国的大学校长被期望是学生的朋友、教师的同事、校友的好友、校董的好行政管理者、对公众的好演讲家、对基金会和联邦部门的机敏议价者、州立法议会的政客、工业与劳工与农业的朋友、对捐赠人有说服力的外交家、通常来说是能为教育奋斗的人、专业(特别是法学与医学)的支持者、对报界的发言人、本身就是学者、州一级和全国一级的公仆、对歌剧和足球并重的热心人、体面像样的人物、好丈夫和好爸爸、教会的积极信徒。而首要的是,他必须乐意乘飞机旅行,在公众场合吃饭,出席公共仪式。没有人能做到所有这一切。有些人一件也做不到。

他应当既坚定又温和;对他人敏感,对自己迟钝;放眼过去与未来，但坚定着眼于现在；既有幻想又脚踏实地；既和蔼可亲又善于反思；了解美元的价值又知道思想无法购买；其想象力鼓舞人心，但其行动小心谨慎；为人富有原则，但善于进行妥协；具有远见卓识，而又能认真注意细节；他是个好美国人，但能无畏地批评现状；追求真理，而不让真理造成过多的伤害；对公共政策评论表态，但不涉及他自身的学校。他应当在国内像只老鼠，在国外像只狮子。他是民主社会中的一个边际人物——有其他许多这样的人——处在许多集团、许多思想、许多努力、许多特性的边缘。他是一个处在总过程中心位置的一个边际人物。

他到底是什么人？

弗莱克斯纳认为他是一个英雄人物，"一个敢作敢为的先驱者"，他担当"不可能的职位"，但他的一些成就"简直可以说是奇迹"；这就是"强有力的校长"——吉尔曼、埃利奥特、哈珀。必要的革命来自高处。应当有林中巨人。索尔斯坦·凡勃伦认为他是一位"博学的首领"[1]，但凡勃伦并不看重首领。厄普顿·辛克莱认为，大学校长是"现身于文明社会的万能的骗子和花样百出的撒谎者"[2]。

对教师来说，他通常不是英雄人物。哈钦斯注意到，教师实际上"赞同无政府，而不是任何形式的行政管理"[3]——特别是校长的形式。

问题在于：校长是否应担任如哈钦斯所说的"领导者"抑或"官员"；如哈罗德·W.多兹所说的"教育者"抑或"管理者"[4]；如弗雷德里克·鲁道夫所说的"创造者"抑或"继承者"[5]；如詹姆斯·C.莫里尔所

---

[1] Thorstein Veblen, *The Higher Learning in America* (Stanford, Calif.: Academic Reprints, 1954), p. 85.

[2] Upton Sinclair, *The Goose-Step: A Study of American Education* (Pasadena: John Rogan & Co., 1923), pp. 382-384.

[3] Robert Maynard Hatchins, *Freedom, Education and The Fund: Essays and Addresses, 1946-1956* (New York: Meridian Books, 1956), pp. 167-196.

[4] Harold W. Dodds, *The Academic President—Educator or Care-taker?* (New York: McGraw-Hill, 1962).

[5] Frederick Rudolph, *The American College and University: A History* (New York: Alfred A. Knopf, 1962), p. 492.

说的"开创者"①,或者如约翰·D.米利特所说的"寻求共识者"②;如亨利·M.里斯顿所说的"权力行使者"抑或"劝说者"③;如埃里克·阿什比所说的"水泵"抑或"瓶颈"④。

哈钦斯对领导一事特别强调。一个大学需要一项目标,"对目的的眼光"。如果要具有"眼光",校长就必须能识别它;没有眼光就会"漫无目的",就会引起"美国大学的大混乱"。"行政管理者必须对讨论、澄清、界定和宣告这一目的具有特殊的责任"。他必须是一个"惹是生非者,因为教育方面的每项变革都是对一些教师习惯的改变"。为此,他需要"勇气""坚毅""公正"和"谨慎"等伟大的"美德"。哈钦斯在寻找真正想到和写到他们学校的"目的"的行政管理者时,特别提到马库斯·奥里利厄斯,认为他是伟大的典型。⑤ 洛厄尔也相信校长应当有一项"计划",尽管教师们"有权提出改变",但该项计划基本上应不受干扰。他还相当古怪地认为,校长应"从从容容"且"没有压力地……工作"。⑥

高等教育中就有这样的领导人。哈钦斯是一个。洛厄尔是一个。埃利奥特也是一个。当埃利奥特被医学院一位教师问到:教师在管理自身事务八年以后怎么会不得不适应那么多的变化,他回答说:"现在来了一位新校长。"⑦即使牛津大学在所有学校中很晚才适应新的学术世界,作为贝列尔学院院长的本杰明·周伊特可以定下他的规矩:"永不收回,永不解释。就这么干,让他们去嚷嚷。"⑧布赖斯勋爵在他的《美利坚联邦》一书中可以评论美国大学校长的伟大权威,评论他"几

---

① James Lewis Morrill, *The Ongoing State University* (Minneapolis: University Of Minnesota Press, 1960), p. 48.

② John D. Millett, *The Academic Community: An Essay on Organization* (New York: McGraw-Hill, 1962), p. 259.

③ Henry M. Wriston, *Academic Procession: Reflections of a College President* (New York: Columbia University Press, 1959), p. 172.

④ Eric Ashby, "The Administrator: Bottleneck or Pump?" *Daedalus*, Spring 1962, pp. 264-278.

⑤ Hutchins, pp. 177, 169.

⑥ A Lawrence Lowell, *What a University President Has Learned* (New York: Macmillan, 1938), pp. 12, 19.

⑦ Rudolph, p. 291.

⑧ James Morris, "Is Oxford Out Of This World?" *Horizon*, January 1963, p. 86.

乎君主般的地位"。①

但是君王的时代已经过去了。在那些时代里,本杰明·艾德·惠勒可以骑着他的白马在伯克利校园里漫步,或者尼古拉斯·默里·巴特勒可以从他的晨曦山庄发号施令。弗莱克斯纳有些悲伤地称,"过分专制的校长的时代已经过去……他作出了巨大的贡献"。保罗·拉扎斯菲尔德注意到由此导致的"学术权力的真空"——校长和教师不再担任领导,结果是没有"体制性发展"。②哈钦斯是最后一个巨人,也就是说,他是真正设法从根本上变革大学和高等教育的大学校长中的最后一人。不再有总是那么合意的独裁制,现在只有仁慈的官僚制,世界其他许多地区都是这样。不再有博学的首领或者甚至如戴维·里斯曼所说的"陆军上士",现在只有官僚制的船长,他有时也是自己船上的奴隶划手;此外,"不大可能出现伟大的革命人物了"。③

巨人的作用从来不是愉快的。哈钦斯总结说,校行政领导有许多失算而没有取胜之法,而开始承认耐心(他一度称之为一种"迷惑和圈套")也是一种美德。"把事情做成是一回事,把事情排在最后是另一回事。"塔潘在密歇根大学的经验是许多事情中较典型的,正如安杰尔后来观察到的:"塔潘是密歇根校园里出现过的最大人物。可是他被小虫子叮得要死。"④

巨人很少受教师们欢迎,往往遭受强烈反对,加利福尼亚大学的反惠勒"革命"就是例证。当教师出了名的时候,教师治校就有了力量。塔潘、惠勒、哈钦斯,甚至托马斯·杰斐逊的经历都是大学校长故事的一部分。韦兰的经历也是如此,他在布朗大学徒劳地试行一些新事物以后在挫败中辞职;伍德罗·威尔逊在普林斯顿大学对许多革命进行斗争而辞职;还有其他许多人也是如此。

而且,大学已经改变了,它变得更大、更复杂、更紧张于搞制衡。

---

① James Bryce, *The American Commonwealth*, new edition (New York: Macmillan, 1914), II, pp. 718-719.

② Paul F. Lazarsfeld, "The Sociology of Empirical Social Research," *American Sociological Review*, December 1962, pp. 751-767.

③ David Riesman, *Constraint and Variety in American Education* (Garden City, N. Y: Doubleday, 1958), pp. 30-32.

④ Ernest Earnest, *Academic Procession* (Indianapolis: Bobbs-Merrill, 1953), p. 74.

正如鲁道夫的看法,出现了"一种微妙的利益平衡,一种文质彬彬的拔河,一种对各项强调的混合"。校长职位是"充满危险的职位,它要对付那么多的模棱两可,要面对那么多的人,遭遇那么多不同的事"。① 有更多要调和的因素,更少要领导的事情。大学已成为巨型大学,校长的性质也随之变化。

而且,时代已经变了。借用约瑟夫·熊彼特在其他某个地方的话,巨人是革新浪潮中的革新者。美国的大学需要进行较大的革新以满足变化和成长中的国家的需要。正如埃利奥特在他的就职演讲中所说的那样,"大学必须使自身迅速适应于重大的变化以满足它所服务的人民"。威尔逊就职演讲的题目是"为国家服务的普林斯顿"。他们和其他人促使原先的宗派性学院(denominational colleges)变成现代的全国性大学。他们不是革新者——德国人进行了革新——但他们处在大规模革新成为时代风气的历史阶段。今天的巨人,如果找得到的话,更可能是在进行现代化的少数几个拉丁美洲老大学里,或者是在紧张讨论教育政策的一些英国新大学里。

巨人作出了"伟大的贡献",但需要一些更温和的手。大学的行政当局回到了"协商同意而治"(government by consent and after consultation)的更加标准的英国模式。② 在任何大型的大学里都具有许多倡议和权力方面的分散来源,这就存在"一种非法性"③;当务之急就是要把这种非法性保持在合理的界线内。校长必须在共享权力的各集团"争权夺利"的情况下寻求"共识"。④ "校长必须经济地使用权力并最大限度地进行说服。"⑤如艾伦·内文斯所观察的,"对大学发展的最大困难不在于找教师,而在于找行政管理专家",大型的大学所要求的新型校长"应是一位协调者而不是一位有创造性的领导……应是一位行

---

① Rudolph, p. 423.
② Eric Asbby, "Self-Government in Modern British Universities," *Science and Freedom*, December 1956, p. 10.
③ Theodore Caplow and Reece J. McGee, *The Academic Marketplace* (New York: Basic Books, 1958), p. 206.
④ Millett, p. 224.
⑤ Wriston, p. 172.

政专家、一位老练的调解人"。①

学术管理采取了行会的形式,例如在不久以前的牛津和剑桥大学中的各学院;采取了采邑的形式,例如在巴特勒领导下的哥伦比亚大学;采取了联合国的形式,例如在现代的巨型大学。(大学世界)有着学生、教师、校友、校董、公共团体等若干"国家"。每一个都有它的领土、管辖范围、政府形式。每一个都可以向别人宣战;有的还拥有否决权。每一个都能通过多数票解决自身的问题,但它们都没有形成单一的选区。这是一个具有多种文化的多元社会。共存比统一更有可能。和平是一个优先项目,进步是另一个优先项目。

巨型大学的校长是领导者、教育家、创造者、带头人、行使权力者、水泵;他也是官员、管理者、继承者、寻求共识者、劝说者、瓶颈。但是,他主要是一个调停者。

调停者的首要任务是和平——他如何能"驳倒 72 家争吵不休的派系"。学生组织内部的和平、教师内部的和平、校董内部的和平,以及他们双方之间和他们多方之间的和平。在"两种文化"和"三种文化"之间及其亚文化之间的和平,在所有竞相争取支持的思想间的和平。在学术界内部环境和围绕(有时几乎是吞没)它的外部社会之间的和平。但是和平有它的种种属性。有解决当前问题的当时"可行妥协"。除此以外,还有着加强学校长期声誉和特色的有效解决办法。在寻求这一点时,有一些事情是不应当妥协的,例如自由和质量——然后调停者必须变成斗士。这两种角色之间的分界线可能不会清晰如水晶,但至少易碎如水晶。

第二个任务是进步,仅仅维持机构和个人的存在是不够的。一个巨型大学生来就是个保守机构,但具有激进功能。有许多集团对现状具有合法的兴趣,有许多集团能行使否决权;可是大学必须同时为知识爆炸和人口爆炸服务。校长成为对过去价值观、未来前景和当前现实之间的核心调停者。他是以不同速度、有时以不同方向行动的集团和机构之间的调停者;变革的承载者——就像"伤寒玛丽"*一样有传

---

① Nevins, pp. 118-119.
* 20 世纪初美国纽约著名的伤寒带菌者。——译者注

染性和使人害怕。他不是为革新而革新的人,但他必须对有效的革新很敏感。他对目标没有大胆的新"眼光"。他更多地受必要性的驱使,而不是为流传的呼声所驱使。"革新"可能是历史上"成功的衡量物",是"过去巨人们"的伟大性格特征;①但是,当革新没有明显的作者时,它有时却取得了最大的成功。洛厄尔一度认为,校长"不能既做事又居功"——他不应当"像母鸡下了蛋那样咯咯大叫"。

目标已经定下——维护永恒的真理,创造新的知识,在高水平的真理和知识可以服务于人类需要的地方改进服务。目标已经有了,在竞争激烈的环境中必须不断改进手段。找不到单一的"目标",只有服务于许多集团的若干个目标。

调停的质量决定于两个方面的判断,即维护和平和推动进步——解决人际和集团间的争斗,以及调解"把重心移向过去"和"把圣杯献给未来"之间的拉锯拔河。不幸的是,和平与进步往往更多的是互相为敌而不是为友;而长期来说,由于进步比和平对于大学更为重要,有效的调停者必须有时要为进步而牺牲和平。最终的考验在于,调解是否使进步迅速而且方向正确,是否使必需的革新先于学校的保守。调停者虽然不如巨人那样惹人注目,但也不是毫无原则的和事佬;他们只是看起来如此而已。

在有些人看来,他们似乎没有做出什么结果。然而,他们的作用如果建设性地发挥出来那是绝对重要的。他们的作用相当于教友派集会的执事——使活动进行,引出思想,寻求"集会的意识"。戴维·里斯曼提出了"召唤者"的称呼。使用的技巧必须是调停者的技巧,但在技巧中要加上革新者的目标。这种作用如果恰当进行的话,其本质或许可最佳地表达为"调停—创始人"(mediator-initiator)。

权力对于任务并非是必要的,虽然必须有权力意识。校长必须控制各组成集团对他的利用,使各方都不会使用过多或过少,或者太不明智地使用。要使巨型大学确实有效地运转,调停者需要控制每个权力中心,还需要各权力中心存有相互容忍和共同容忍的一种态度,而没有什么领土野心。当极端主义者以阶级斗争的概念控制了学生、教

---

① Dodds, p. 43.

师或校董，那么"微妙的利益平衡"就变成了真正的战争。

通常的原则是：权力应当与责任相称，但是对于校长，**说服的机会**应当与责任相称。他必须能方便地进入每个权力中心，给每个意见论坛以公平的机遇，让现实代替幻想并辨明他所认识的理性事业。

并非所有的校长都设法在他们的复杂事物中充当建设性的调停者。纽约一所大学的一位著名校长在5年中只有5个月在校。有些人觉得出席会议、调查国外项目甚至到其他大学去做报告更为愉快；在校时，他们出席礼仪性活动，去本地俱乐部，任争论之风从旁刮过。还有些人寻找"景致"。但大多数校长都留在控制塔里帮助真正的驾驶员安全降落，即使在雾中也能不出事故。

哈钦斯写到大学校长的四点美德。我愿意摆出稍有不同的三点：判断、勇气和坚毅。这其中最伟大的是坚毅，因为别人并不慈悲为怀。不论在政府或产业或劳资关系或家庭争吵中，调解者总会受到一些责骂。他很少得到全胜，他必须旨在避免最糟而不是取得最佳。要是他能使每个客户对他**同等地**厌恶，就该心满意足了。他必须使自己适应严峻的现实：成功时鸦雀无声，失败时臭名昭著。巨型大学的校长应满足于使成员们松散地聚在一起，并且在看来不平等的历史竞赛中使整个事业再跨前一步。

巨型大学的生活

"大学的理念"是把大学当做一个村庄，有着一批教士。"现代大学的理念"是把大学当做一个城镇——一个单一工业的城镇——有着一批知识寡头。"巨型大学的理念"是把大学当做一个变化无穷的城市。有人在城中迷失，有人在城市中高升，大多数人使自己的生活适应城市许许多多亚文化中的一种。那里比在村庄里较少共同体意识，但也较少禁闭感。那里比在城镇里较少目的性，但有更多出人头地的方法。那里也有创造性人物和流浪者的更多匿名的隐蔽所。与村庄和城镇相比，"城市"更像文明的总和，而随着文明的演变，城市越来越多地成为文明的内在部分，并且城市也越来越快地与周围的社会发生互动。在城市里,单一法治之下产生了许多分散的活动。

在这个"城"里,学生们年岁较大,可能是已婚的,更多地是以职业为取向,更多来自各阶级、各种族而不像村庄里的学生;①他们发现自己处在极紧张的竞争气氛之中。他们较少认同于总的群体,而更多认同于其中的诸多亚群落(subgroups)。伯顿·R.克拉克和马丁·特罗对这些亚文化提出了一个特别有意思的类型学:"大学生亚文化"是那些男生女生联谊会、运动员和主要活动分子;"学术亚文化"是那些认真求学的学生;"职业亚文化"是那些寻求特定职业训练的学生;还有"非循规蹈矩亚文化"是那些政治活跃分子、咄咄逼人的知识分子和狂放不羁分子。② 这些亚文化并非相互排斥,巨型大学显示的某些动人的壮观现象正是这些亚文化互动的结果。

巨型大学对于学生是一个混乱不清的地方。他在那里难以确立认同感和安全感。但是它提供了广泛的选择,的确足够震惊心灵。在这个选择范围中,他既有机遇又有自由的困境。伤亡率很高。许多人是残存的伤员。自由学习——学生自由选择、自由留下或继续学业——就是胜利。

教师们的生活也改变了。巨型大学处在事态的主流中。除了教师和研究员,还有顾问和行政管理者。对大多数教师来说,教学现在不像过去那样重要了;研究已经更加重要了。这就出现了所谓的"非教师"(nonteacher)③——"他们地位越高,与学生关系越少"。过去惯常所谓的"教师"现在有了三重阶级的结构:只做研究的人,只教书的人(他们主要处于附属地位),以及两者都做一些的人。我所知道的一个大学里,在博士或相当于博士一级中,比例大体是1个研究员:2个教师:4个两者兼做者。

咨询顾问工作以及其他额外收入来源造就了所谓的"富裕教授",这一类别确实包罗一些教师,但并不包括所有的教师。此外,许多教

---

① W. Max Wise, *They Come For the Best of Reasons—College Students Today* (Washington, D. C.: American Council on Education, 1958).

② Burton R. Clark and Martin Trow, *Determinants of College Student Subculture*, *unpublished manuscript*, Center for the Study of Higher Education, University of California, Berkeley, 1963.

③ Robert Bendiner, "The Non-Teacher," *Horizon*, September 1962, p.14.

师有助研和助教,有他们的系和研究所,自己成了行政管理者。据说,教授的生活已成为"商业和活动的激烈竞争,主管合同与项目,指导团队和助手,指挥一批技术人员,到处出差旅行,参加政府部门的委员会,以及从事其他分散精力的事务以使整个狂乱的生意不致垮台"①。

随着利益更加多样化,学术界趋于分散化;在教师俱乐部里,共同的话题越来越少。教师管理机构变得更加笨重,更多地成为活跃的少数派的副业爱好;至于它在大范围内能否有效地发挥作用以及它在维持现状之外还能否有所作为,这确实是问题。教师们更少地作为特定大学的成员而更多地作为他们全国性学术学科团体中的同事。

但是有许多补偿。如弗莱克斯纳曾经说过的,"美国的教授"不再是"无产阶级"。薪金和地位都已大大上升。教师们更加充分地参与社会,而不是边缘人物;有些人处于全国和世界事件的中心。研究机会大大增加。教师在这个大机构中有着种种机遇,这使他产生了一种从校行政当局的主宰或校内同事们的主宰中独立出来的新感觉;许多行政工作已经有效地下放到教授个人这一级。特别是,他可以选择充当适合自己爱好的角色或一批角色,这是过去所没有的。要是他不想离开,他就无需离开卫城的园林;但如果他想离开,就可以离开。他甚至可以成为(有些人就是这样)一个实质上的职业人员,在巨型大学校园里有自己的本土办公室和基本随从,但他的客户则分散在各处。他甚至也可以照旧当他的教授,许多人都是这样做的。有几种生活模式供其挑选。所以教授也有较大的自由。自由(*Lehrfreiheit*),即过去德国人所说的"教授有随心所欲的自由"也成为现实。

现代美国巨型大学存在的理由何在?历史就是一个答案。与周围社会取得一致又是一个答案。除此以外,在保护、传播和探究永恒真理方面,它没有什么同道;在寻求新知识方面没有在世的同道;在整个历史上服务于那么多先进文明的高等教育机构中也没有同道。作为一个机构,它并非内在地始终如一,但它却始终如一地富有成效。它因变革而四分五裂,但有稳定的自由。虽然它没有一个属于自身的

---

① Merle A. Tuve, "Is Science Too Big for the Scientist?" *Saturday Review*, June 6, 1959, p. 49.

单一灵魂,但它的成员献身于真理。

美国巨型大学的最佳状态或许是看它的工作运转,它的适应和成长,诸如它回应开始于第二次世界大战的种种联邦项目的大规模影响。一场广泛的转型没有依靠革命而在几乎未被察觉的时间里发生了。巨型大学已表明它多么能适应创造性的新机遇,多么敏感地应对金钱;它能多么热切地起到新的、有益的作用,它能多么迅速地变化而装做什么都没有发生,它能多么快地无视它以往的某些美德。联邦拨款大学的当前现实是什么呢?

第二章 联邦拨款大学的现实

超越所有其他力量的两大影响塑造了现代美国的大学系统并使之与众不同。这两种影响都来自大学以外的来源。两者主要来自联邦政府。两者都是回应国家需要而出现的。

第一个是赠地运动。亚伯拉罕·林肯在1862年签署了莫里尔法案。该法案定下了美国公立、私立大学此后百年中大部分时间的发展调子。这是制订过的法案中最有创新力的法案之一。

赠地运动之出现是在回应美国迅速的工业与农业发展在19世纪中叶所涌现的强劲势头。大学为这一发展推波助澜要通过培训(这种培训不仅仅是要培育"绅士",而且还要培养教师、传教士、律师、医生),还要通过与农业和制造业的技术发展相关的研究,通过服务于社会上许多(最终几乎是所有)的经济部门和政治部门。赠地运动也呼应了国内日益成长的民主、平等和民粹主义的趋势。随着这一趋势,高等教育就要向所有各界人士中的一切合格的青年人开放。它应较少地服务于永葆精英阶级而更多地服务于建立一个相对无阶级的社会,使机遇的大门通过教育向所有人开放。

这是与美国过去的高等教育传统进行鲜明的决裂。它在世界史上产生了一种新的社会力量。过去没有任何一个地方的大学曾经如此紧密地联系如此众多的社会里的日常生活。大学校园成为美国人去得最多的地点之一——几乎每个州每个角落的农人、商人、政客、学生去得最多的一个十字路口。修道院和象牙塔由于向所有合格的来客打开大门而破除了。

认为赠地运动富有成效,这是德国模式对美国大学的作用。这种德国模式赋予"赠地"思想以学术的高尚地位和内容,而有着长期学术传统的私立大学哈佛可以走上与新成立的赠地学校康奈尔大体相同的发展道路。德国的理智主义和美国的民粹主义在新大学中融合了。纯粹的才智和天然的实用主义达成了一项不太可能的却很成功的联合。

对大学的第二个大影响开始于第二次世界大战期间联邦对科学研究的资助。作为这种持续的政府资助研究中心先驱者的战时实验室,诸如麻省理工学院的林肯实验室、芝加哥大学的阿尔贡实验室以及加利福尼亚大学的劳伦斯放射实验室,开启了一个新的时代。一些重点大学都前所未有地被征募到国防和科技发展方面。(在第一次世界大战中,大学只是新兵的来源。)

继吉尔曼、埃利奥特和怀特之后,现在有诸如科南特、康普顿和布什等新的先驱者来指引联邦政府同大学的这一联盟。唐·K.普赖斯指出:"在万尼瓦尔·布什、詹姆斯·B.科南特和卡尔·T.康普顿的手中,政府合同成了一种新型的联邦主义。"[①]除了工业革命以外,现在有科学革命要服务。除了德国的刺激以外,还有俄国的刺激——因为俄国的科学成就,在苏联人造地球卫星史波特尼克(Sputnik)上天以前和以后,都极大地刺激了这一新方针。美国大学被联邦研究拨款和赠地思想促成的变革几乎一样多。

有意思的是,向来以独立自主为自豪的美国大学竟使它们的特性既受自身内部愿望的支配,又同样为其环境压力所左右;这些把自身定为"私立"或"州立"的机构竟然发现它们最大的刺激力来自联邦的首创;作为高度分散和多样化的高等教育系统之一部分的大学竟然如此忠诚和乐意地响应国家的需要;这些以培养"绅士"为其历史渊源的机构竟然如此充分地献身于为粗野的技术服务。

"联邦拨款"大学是在过去 20 年间出现的,但直到不久以前它的发展还更多的是凭借环境力量而非自觉的设计。受影响最多的那些

---

① Don K. Price, "The Scientific Establishment," *Science*, June 29, 1962.

大学对新现象一直主要进行一些零零碎碎的调整,而没有花大力气去改观自身的总体状况。或许这正好——或许正因为它没有受到批判性分析而可能使过渡比较顺利。联邦政府和那些一流大学实行了"同居",不受先前决定的政策和自我检查的影响——但是它们却形成了卓有成效的结合。

可是,这一切不可避免地正在改变。哈佛现在已经对自己进行了研究。普林斯顿也这样做。布鲁金斯研究所和卡耐基基金会已把我们全都研究了;还有卫生、教育与福利部,总统科学顾问委员会,美国教育理事会以及美国人大会也是这样。① 主要的结论是可以预计的:联邦巨人有权力影响最最桀骜不驯的和独特的大学。出现了一种自相矛盾:大学越是优秀、越是独特,它投入联邦政府怀抱的机会就越大。华盛顿不把钱浪费在二流学校上。

很快就会有一项全国性政策和一个全国范围的活动,我至少有点

---

① 1960—1963 年的一些主要报告如下:

American Assembly, *The Federal Government and Higher Education* (Englewood Cliffs, N. J.: Prentice-Hall, 1960).

Homer D. Babbidge, Jr., and Robert M. Rosenzweig, *The Federal Interest in Higher Education* (New York: McGraw-Hill, 1962).

William G. Bowen, *The Federal Government and Princeton University: A Report on the Effects of Princeton's Involvements with the Federal Government on the Operations of the University* (Princeton University, 1962).

Julius H. Comroe, Jr., ed., *Research and Medical Education* (Evanston, Ill.: Association of American Medical Colleges, 1962).

Charles G. Dobbins, ed., *Higher Education and the Federal Government, Programs and Problems* (Washington, D. C.: American Council on Education, 1963).

Harvard and the Federal Government: A Report to the Faculties and Governing Boards of Harvard University (Harvard University, September 1961).

Charles V. Kidd, *American Universities and Federal Research* (Cambridge, Mass.: the Belknap Press of Harvard University Press, 1959).

J. Kenneth Little, *A Survey of Federal Programs in Higher Education: Summary Describing the Programs, Participating Institutions, and the Effects of the Programs on the Institutions* (Washington, D. C.: Government Printing Office, 1962).

Harold Orlans, *The Effects of Federal Programs on Higher Education: A study of 36 Universities and Colleges* (Washington D. C.: Brookings Institution, 1962).

Alice M. Rivlin, *The Role of the Federal Government in Financing Higher Education* (Washington, D. C.: Brookings Institution, 1961).

Glenn T. Seaborg et al., *Scientific Progress, the Universities and the Federal Government: A Statement by the President's Science Advisory Committee*, Nov. 15, 1960.

关心。所有这些研讨识别出了我们过去所知道的始终存在着的问题。但是既然我们已公开识别出了这些问题,我们将应付它们,与此同时我们将产生新的问题。我们主要将力求以若干不同方式取得"平衡"。我们要"平衡"学者个人的愿望和他们机构的愿望;"平衡"新英格兰和南方;"平衡"科学与人文学;"平衡"研究与教学;"平衡"研究生培养与本科生教育;"平衡"功绩与政治;"平衡"专家判断与普遍意见。然而,与联邦政府拉上关系的更有成效的方面之一却是它的不平衡。

我们显然正在进入"联邦拨款"发展的第二个阶段。第一个阶段,我将称之为"直觉的不平衡"阶段,而正在出现的新阶段则是一个"官僚主义平衡"阶段。现在正是观察我们到了哪里和我们可能到哪里去的时候。我们正处在大学生活广泛转型的中心,我们谁也不太肯定真正是向何处去;但是可以设法窥测前途。

作为讨论联邦拨款发展的一个基础,我将简要回顾关于我国大学与联邦政府拉上关系的一些重要事实。

● 联邦政府对高等教育的兴趣可上溯至1787年。那一年开始了对公立的高等教育机构赠与公共土地,那是对1785年西北法令提供土地以支持较低级的公立学校这一举措的效法。然而,这一兴趣在1862年莫里尔赠地法案以前并未生效。然后1890年的第二个莫里尔法案补充了原先的赠地,由联邦拨款来资助高校中特定学科的教学;这些拨款仍然继续着,事实上最近还扩大了。联邦政府对高等教育的兴趣因1887年的哈奇法案而有了进一步的效果,该法案建立了农业试验站,而且由1914年的史密斯-利弗法案设立了农业推广署。在第一次世界大战期间,确立了后备役军官训练计划。在大萧条期间,大学参与了工作项目管理局和全国青年管理局的活动。在第二次世界大战期间,大学大量参与了1940年创始的工程、科学与管理战时训练计划。在同一年,建立了国防研究委员会(即后来的科学研究与发展局),主要的大学都参加了它所成立的各种战时研究计划。

第二次世界大战以后和朝鲜战争以后,"士兵法"以及对朝鲜战争老兵的有关法案使学术生活大受震动。

可是，尽管有这一关于联邦政府的兴趣的漫长历史，在第二次世界大战以前，除了农业和军事训练的相对有限的领域以外，高等教育显然没有继续不断地参与联邦政府的活动。

- 目前，联邦资助已成为许多大学总体绩效的一个主要因素，涉及的数额巨大。高等教育在 1960 年从联邦政府得到约 15 亿美元——在 20 年间增加 100 倍。这 15 亿美元中，约 1/3 提供给大学所属的研究中心；约 1/3 提供给大学内的研究项目；另 1/3 提供给其他方面，诸如住读宿舍贷款、奖学金以及教学计划。最后这 1/3 花在大学和独立学院，但前面的两个 1/3 几乎完全提供给大学，而且是为数相对少的大学。

提供给研究的 10 亿美元，虽然只是联邦"研究与发展"资助经费的 10%，却占大学研究与发展全部开支的 75% 和大学预算总额的 15%。显然，大学研究的形式与性质受到了联邦资金的深刻影响。

- 联邦政府给大学的研究经费首先是从六个机构来的。1961 年的百分比分布如下：

卫生、教育与福利部（其中 37% 来自全国卫生研究所）	39
国防部	32
全国科学基金会	11
原子能委员会	8
农业部	6
国家航空航天局	3
其他部门	1

（以上数字不包括对大学营运的政府研究中心的费用。）

这种联邦资助几乎可以与相互有所关联的三大国家事务完全等同：国防（1961 年占总额的 40%，包括国防部和原子能委员会的支持）；科学与技术进展（20%——全国科学基金会，农业部和国家航空航天局）；卫生保健（37%——通过国家卫生研究所）。联邦资助总的来说并未公开用于一般的加强大学或特别针对一所或几所大学——如同英国的大学拨款委员会那样。

- 联邦研究开支主要限于物理与生物医学以及工程学，只有约

3%用于社会科学,几乎没有任何资助给人文学科。

- 在所有的大学活动中,联邦资助一直大量集中在国家利益领域的研究和研究生及博士后培训上。

- 联邦政府偏好于把大学研究设施用于:(1)专门化的研究中心——到1963年,有14个主要中心;①(2)研究项目。资助那些相对短期和有特定目标的项目;资助的授予通常要根据合格专家的建议并以绩效前景为基础。

- 联邦研究开支大大集中于相对少的学校。如包括项目研究和大研究中心在内,在最近一个会计年度里,6所大学得到经费的57%,20所大学得到79%。如果只考虑项目研究,那么有关数字分别为28%和54%。在这20所主要接受资助的大学中,在大学各种内容的总开支中,联邦基金占20%至50%(如只算项目研究),占20%至80%(如加上研究中心)。这20所大学只占美国大学总数的1/10。它们构成了主要的联邦拨款大学。

- 近来联邦的兴趣从物理和生物医学扩展到社会科学,从研究生培训扩展到本科生培训,从选定的少数大学扩展到更多数量的大学。

---

① 这14个专门化的研究中心是:
哥伦比亚放射实验室(哥伦比亚大学)——国防部
应用物理学实验室(约翰·霍普金斯大学)——海军部
赫德逊实验室(哥伦比亚大学)——海军部
林肯实验室(麻省理工学院)——空军部
阿尔贡国家实验室(芝加哥大学)——原子能委员会
坎布里奇电子加速器(哈佛大学与麻省理工学院)——原子能委员会
劳伦斯放射实验室(加利福尼亚大学)——原子能委员会
洛斯·阿拉莫斯科学实验室(加利福尼亚大学)——原子能委员会
普林斯顿-宾夕法尼亚质子加速器(普林斯顿大学与宾夕法尼亚大学)——原子能委员会
普林斯顿仿星器(普林斯顿大学)——原子能委员会
喷气推进实验室(加利福尼亚技术研究所)——国家航空航天局
布鲁克黑文国家实验室(联合大学公司)——全国科学基金会
基特峰天文台(大学天文学研究协会)——全国科学基金会
绿岸无线电天文台(联合大学公司)——全国科学基金会与空军部

第一阶段:直觉的不平衡

大约有 20 年之久,国会一直决定着联邦政府与大学之间应在哪些总的领域发展合作。选择的领域是国防、科学与技术进展,以及卫生保健。这些决定并不是基于对国家优先的充分研究。这些决定的作出是基于实用主义的考虑,是为了呼应根据时代可能性而感觉到的国家与人民的需要,也是为了呼应非常强大的游说势力的敦促。原子已经裂变了,可以被用于战争与和平。第二次世界大战以后出现了"冷战",有必要进行进一步的国防工程。卫生保健成为国家关心的重大问题。空间探索的可能性发展了。国会迅速对这些现实中的每一个作出反应。

一旦国会提出一项计划,联邦政府官员就去找那些最能对个别计划作出即时和有效支援的大学;或者他们宁可找那些能最迅速和有效率地作出回应的科学家——而那些科学家主要集中在为数有限的一些教育机构中。采取这些行动并不是根据对学校能力或潜在能力的任何总体考察,而是根据对可能性和回应的迅速而现成的了解。测试的是谁能最有效地做目前的任务。这一过程更多的是出自直觉而非研究。

大约 20 年来,大学已接受教师们和政府机构提议的研究中心与项目,进行这些需要的和可能的日常调整。结果,这些大学受到了深刻的影响。整个过程是要开始一些新的努力,这就以若干方式改变了以前存在的"平衡"。大学里已经出现一些真实的和不太真实的问题。

一、联邦控制和联邦影响 联邦控制,作为一个实际存在的问题,正如悉尼·胡克说过的,是"不相干的事"。[①] 除了少数例外——国防教育法要求对某些类别的工作保守秘密一般而言是必要的例外,但对否认的誓词则是不必要的例外——并没有任何有害的控制。对比

---

① Sidney Hook, "The Impact of Expanding Research Support on the Universities," in Comroe ed., pp. 235-237.

而言,州对州立大学的控制则是一个真实的问题。① 联邦政府通常让受过科学训练的人去负责科学项目,他们完全在科学传统内工作。

真实的问题不是联邦控制而是联邦影响。一个联邦部门提出一个项目,一个大学可以不接受——但是实际上它往往会接受。不让一个教师接受他刚和华盛顿的同伴谈妥的拨款,会马上使他拂袖离职。由于这个现实,产生了许许多多联邦支援大学的结果,为数巨大。这些结果很细微,积累得很慢,很温和,因而最终越来越强大。

二、大学的控制,政府部门成为母校 大学对自身命运的控制已大大削弱。来自学杂费、捐赠和州拨款的大学经费要经过通常的预算程序,它们的分配要根据大学内部政策加以审查。但联邦研究经费往往是由学者本人与特定政府部门谈判而定,因而可越过通常的学校审查过程。因此,一个大学的20%至50%至80%的支出可以在正常渠道之外处理。反过来,这些经费有些也成为大学自身的经费;它们影响到地盘的分配;它们决定了教学与研究之间的时间分布;它们在很大程度上确定了大学里发展最快的领域。大学几乎在不知不觉中被改变了。

系主任、院长、校长的权威因此下降了,教师管理的作用也下降了。这可能有它的优点。学者们似乎喜好与他们在华盛顿的专业同道而不是与他们校内的同事和行政管理者打交道。② 而且,大学分配经费的内部程序一般不如联邦研究项目那么有选择性和灵活。在大学内,趋向于给每个教师大约同样的机会,而且一旦给了以后就继续给下去;但项目的方法则更重视卓越的长处,而且各个项目可以在不同时间结束。此外,就根据自身的优先体系(priority system)花费同样多的经费而言,联邦部门对国家特定需要的回应比大学更为敏锐。

然而,这其中也存在一些明显的有害影响。有些教师开始利用他们与政府部门的关系来打压大学。他们可能试图强行设立一个新的行政单位或者为他们的专用建筑物分配地产,而无视总的大学政策或优先项目。当然,这些压力应当顶住;它们对教授、对政府部门都不是好事。此外,有些教师往往把自己的认同和忠诚由大学转移到华盛顿

---

① Malcolm Moos and Francis E. Rourke, *The Campus and the State* (Baltimore: Johns Hopkins Press, 1959).

② 见 James B. Handler, "An Optimistic View," in Comroe, ed., p.108:"当被问到的时候,他们宁可由华盛顿的陪审团来做决断,而不冒校内同事们决断的风险。"

的政府部门。他们对大学总体福利的关心下降了,他们成了房客而不是主人,当他们改换门庭时就把政府拨款项目也随身带走。正如罗切斯特大学校长艾伦·沃利斯所说的,大学已在某种程度上成为一个"旅店"。政府部门成了新的母校。研究型企业家(research entrepreneur)成了欢快的精神分裂者。

据说,在联邦援助面前,大学校长已"放弃了"对学校的总体指导之责。我要用另一种说法——他们给一些事情放行了,虽然他们原先是想有不同做法的,但他们往往这样做了。可是,当政府部门坚持搭售(如果我们为你做这点,你得为我们做那点)或者当政府部门要求经常而详细的进展报告时,一些特别尖锐的问题就会出现。然后大学就真的不如一家自由代理商了。它完全成了一种"生产"系统,而政府部门就处于旧时商人—资本家的地位。从早期的及其他产业的这种体制中,血汗车间发展起来了。

三、"科学家富裕,人文学家激进"[①] 联邦研究资助对大学内永久的阶级斗争又增加了一个新的层面。学生对教师,助教对终身制教授,以及教师对行政管理者,现在加上了一个新的等级制紧张点——那就是在人文学者与科学家之间。总的说来,科学家在联邦拨款大学中晋升较快,使用空间较多,从暑期工作和咨询中获得更多收入,有更多秘书和助手,更容易得到旅行出差经费和报销费用,并且在学术界内外积累了更强的地位感。有些人文学者显然讨厌这一切,认为这相当不公,即使他们自己的境况相对于过去也有改善。

可是,故事也有另一面。得到一系列项目的科学家可能被困在自己的机器之中。研究生和职员变得依赖于他。他受制于项目的限期和定期的合同谈判。他陷入了责任之网而很难突破。其结果,他往往费很大劲做一些他并不想做的事——比人文学家的实际情况更多。

当前有一些倾向,最聪慧的研究生偏好自然科学而不是社会科学和人文学科[②],这将对今后各研究领域里的教师质量产生影响。至于

---

① Homer D. Babbidge, Jr., and Robert M. Rosenzweig, "The Issues," *The Graduate Journal*, University of Texas, Vol. V (1962), Supplement, pp. 63-104.

② Dael Wolfle, *America's Resources of Specialized Talent* (New York: Harper, 1954), pp. 190-191, 317-322.

这在多大程度上是由于联邦援款,多大程度上是由于不同领域的当前活跃状况,则全不清楚。我自己的印象是,最聪慧的研究生都纷纷去往具有最光明的新思想的领域而不考虑联邦援款。

这一切据说已破坏了各领域间的"平衡",一般认为应对此采取措施。可是,各领域间的平衡从来不是静止的。如果是这样的话,哲学、神学以及古典学就仍然会是主导性的研究领域,然而它们很长时间已不是这样的了。假定1942年的平衡适合于1942年,可这并不意味着它将适合于1962年。只说旧的"平衡"已经打破是不够的。真正的问题是,今天正确的平衡应当是什么?很清楚,文艺复兴的繁荣应当影响了16世纪的"平衡"。现在似乎应轮到原子裂变和遗传密码的破译影响20世纪的平衡了。我们可以预期,最多的金钱、最聪慧的学生和最高的威信会追随最激动人心的新思想。总的说来,情况已经是这样的,而且这是界定平衡性质的一种方法。(经济学在20世纪30年代激动人心,社会学在20世纪50年代更激动人心。)

在我看来,真正的问题不是任何历史或金钱意义上的平衡问题,而是每个时期每个领域最适合的是什么。"所有领域都是平等的,只是有些比其他更平等些。"不应对每个领域都以同样分量做同样的事。每个领域应根据其当前潜力得到资助,而且潜力会变化。不存在不分时间的优先。

学术界以前经历过不平等。在赠地学校中,几十年来农学每年有11个月的任务,教学工作量少,研究津贴多。法律和医学在学术界内反映了这些专业在外部世界的一些力量和富裕程度。这些都是事实而不是理想情形。

我想,总的说来,在相当混乱的压力冲击面前,学术界内至今尚能保持如此高度的内部平等,这是很出色的且值得赞扬的。

四、集中的必然性 项目的方法几乎使联邦研究活动自动地集中到相对少数的大学。设备方面最适合于承担这些研究的大学也是那些能提供博士生培训的师资和设施的大学。6所大学有25%多一点的项目经费,有大约25%的博士生毕业,这不是巧合;20所顶尖大学也有类似情况。如果"只有顶尖才能做到"①,那么这种集中就是必然的。不同的结果则是相当令人惊讶的。

这种力量的集中无疑使已经处于前列的那些大学加强设施和改善师资质量。这可能扩大一流大学与二流及三流大学之间的分野。这事实上可能使二、三流大学和一些学院的教师转去一流大学任研究人员而损害了它们。好的更好了,差的就更差了。而且这已大大加重了院校之间的分歧。

五、教研究生对教本科生 大加宣传的教学与研究之间的冲突把问题提错了。教研究生是和研究紧密联系的,如果研究改善了,指导研究生几乎必然也会改善。联邦研究资助已改善了研究生指导,这几乎是普遍的经验了。有更好的设施,更多的助研奖金与研究员奖金,更多的研究项目能让学生直接与教师一起工作——这一切都来自联邦经费。在研究生一级有明显的好处,而且幸亏如此,因为在联邦拨款大学,研究生录取数已迅速增加。

但在本科生一级,"教学过程的微妙削弱"②已经受到助长。哈罗德·奥伦斯为布鲁金斯学会从事过有关联邦政府对大学进行援款的出色研究,他得出结论:联邦研究援款"加剧了大的大学中本科生教育长期不受重视的情形"。③ 这也是我自己的观察,但有一个例外——本科生教育质量极高的极少数私立学校能够保持它们的标准,这是值得大加赞扬的。

本科生教学的普遍恶化有若干原因。教课任务以及与学生谈话时间都减少了。教师们常常请假或暂时离校,有人从来只是暂时在校。更多的教学指导工作落到那些并非常规成员的教师身上。最好的研究生喜好研究员和助研职务而不是助教职务。可以填补空缺的博士后往往不做教课工作。班级平均人数增加了。

那似乎是一个"没法回头的路",其后的研究、咨询、研究生指导变得非常引人入胜而使教师的力量不能再集中在过去那样的本科生教育上。这一进程已经继续了很长时间,而联邦研究经费加剧了它。结

---

① Orlans, p. 173.
② Hook, p. 238.
③ Orlans, p. 134.

果,在大的大学里的本科生教育更可能处于可以接受的地位而不是突出的地位;教育政策从本科生观点来看已大部分受到忽视。高超的师资导致对本科生教学的低度关心,如何摆脱这一残酷的自相矛盾是我们更为迫切的问题之一。

六、教员与非教员　　大学学者传统上既教课又做研究。但是现在职工里加上了一些完全担任研究的学者——而且越来越多地具有相当于教授身份的头衔。他们没有教课责任,而且尚未成为学术界完全接纳的成员。他们通常不是学术评议会(The Academic Senate)成员,他们通常也不被授予终身职(tenure)——这两者都是教员(faculty)身份的标志。但是在许多学校里,他们可以以大学的名义去取得项目供他们自己支配。

远非异常的情况是,教师在暑期间做联邦政府发起的项目,在常年中则兼职去做,这样,他的收入中多数来自项目而不是来自大学。但他在多大程度上仍是大学的真正雇员,以及他还真正具有什么就业保障? 显然,这就不再像过去仅看谁是教员那样清楚了。

现在已经在疯狂地重订规则了——产生了新的头衔,建立了新的关系,制定了新的公民阶层,但只有局部被吸收。哈佛大学的概况一览中现在列有五千多名"指导与管理人员",他们中许多不是传统意义上的教员。我们大学里的"教员"成为随定义改变的一个不断变化的群体。如果仍然有人可以称为"教员",那肯定完全不同于过去的组成。许多讲课和研究现在是由"非教员"在做。

七、大学"援款"与联邦政府　　联邦援款对大学具有很大的好处。但这并非不要它自身费钱费力。各个政府部门的经常开支津贴大有不同,但都很少能涵盖有关研究项目的所有直接开支与间接开支。而且,使拨款与建设相称会迫使一个大学为取得联邦经费而打乱它自身的优先体系。这当然是它的意愿。

此外,联邦经费使大学中的教员、系主任、院长和校长承受了很大的新行政负担。一批新的行政管理阶层已产生了——合同管理员和研究项目经理。行政管理成为大学整个事业中大得多的一个方面。朱利叶斯·A.斯特拉顿注意到,"在大学的真正精神和那些经营因素之间存在着一种根本性的不相容,那种因素往往潜入项目组织、纲领计划和贵重设施的使用方面"。①

八、处在诱惑的边缘 大量金钱由联邦政府注入大学,而大学是高度原子般的实体。大学对这些经费负有责任,但通常没有实际控制。不可避免地出现了一些滥用。经费时常从一种用途改为另一种用途——而这另一种用途并非是联邦政府部门的意图。有些教员结成了非正式的联盟——如果你咨询我的项目,那我也应咨询你的。通过这种交换咨询,总收入有时会增加到惊人的水平。当这些同样的教员担任提供这种拨款的联邦委员会的成员时,整个过程至少就变得相当复杂。过多的贵重设备不时地购来,而设备销售商到处追逐拨款。有些大学允诺从联邦拨款中支付一笔基本薪金外加提供丰厚的个人额外收入和津贴,以越来越广地吸引人才。

已经有丑闻产生。还会有更多的丑闻。联邦机构会实行越来越具体的控制,而依赖这种新生活标准的大学将会接受这些控制。大学自身将不得不通过集中权力(特别通过审计程序)来实行更严格的管制。在少数情况下,自我约束是不够的,因此在大多数情况下,将会实行更大的外部约束。

然而,尽管存在所有这些问题,联邦政府对大学的研究援款大大有助于满足国家需要。它也大大帮助了大学自身。国家更强了。一流大学更强了。正如内森·珀西在卡耐基基金会报告中有关大学校长的一致观点称,总的说来,联邦援款是个"好事情"②。反过来,联邦拨款大学已经相当迅速和有效地适应了它们的新角色。

唐·普瑞斯提到了下面这首五行打油诗:

> 有个从肯特来的小姐,
> 当男子带她去吃饭,
> 敬她鸡尾酒和葡萄酒,
> 她说她知道这是什么意思;

---

① J. A. Stratton, "Research and the University," *Chemical and Engineering News*, Vol. 31, no. 25 (June 22, 1953), pp. 2582–2583.
② Nathan Pusey, "The Carnegie Study," in Dobbins, ed., p. 25.

她知道这是什么意思——但她还是去了。①

我不太肯定大学和大学校长们是否总能知道这是什么意思,但有件事情是肯定的——他们去了。

第二阶段:官僚主义的平衡

联邦机构在过去 20 年中把研究拨款分配给大学的总政策是"寻找任何卓越的地方",即接受既有格局而进行物色。新的方法则是更多地采取全面的视角,这一定程度地改变了格局。平衡即新善,不平衡即旧恶。

洛根·威尔逊等人提出的责难是:"没有联邦计划——只是计划。"②作出的回应——例如在提议中的"1963 年全国教育改进法"——是要提供"一项全面的联邦援款计划来满足从小学一直到研究生教育的各级美国教育中选定的迫切需要;来促进教育质量,扩大受教育机会,增加我国教育机构的容量;来提供国家对技术人才、国家发展和国家安全的需要"。

新的平衡号召发展更多出色的研究生指导与研究中心。西博格报告提议在 15 年内从目前的 15 或 20 个中心扩大到 30 或 40 个中心。③ 全国教育改进法设想从 20 个扩大到 70 个。要求对有实力的中心进行合理的地理分布,部分原因在于认识到了大学的作用可以影响产业的布局。罗斯韦尔·吉尔帕特里克对国防部的报告解释说:国防合同之所以集中在加利福尼亚州和马塞诸塞州,是因为这两个州的研

---

① Don K. Price, *Government and Science* (New York: New York University Press, 1954), p.96.

② Logan Wilson, "A New Dimension," *The Graduate Journal*, University of Texas, Vol. V (1962), Supplement, p.164.

③ Seaborg et al., as cited in note 2, above. See also in this connection the Report of the President's Science Advisory Committee, *Meeting Manpower Needs in Science and Technology: Graduate Training in Engineering, Mathematics, and Physical Sciences*, Dec. 12, 1962.

究与发展项目集中,这又是由于那里具有实力强大的大学。① 教育与政治方面的努力要考虑多方面的因素,它现在正设法以平衡的名义来重新安排当前的分布格局。

根据1958年的国防教育法,精选的教材领域中的研究生**新**计划已得到了优先帮助。教学与研究并重。理工科教师的暑期进修课,改进理工科教科书和语言训练实验室等计划都已经得到了完善的部署。国家科学基金会正在大力进行改进和革新物理学方面的本科生教学设备。本科生以及研究生都在得到贷款和奖学金的帮助。社会科学领域的资助金正日益增多。更多的经费正拨给学院和大学,以及各个档次的大学。特别值得一提的是,"机构拨款"(institutional grants)作为对项目拨款(projects grants)的补充,正在由国家科学基金会和国家卫生研究所提供。国家航空航天局等对机构提供"培训拨款"而不是对任何去向的学生提供研究奖金。因此,已经在力求取得更大的"平衡"了。

把一所大学看做"一个机构"是特别有意思的。如果有更多的大学被选为研究与研究生指导方面的实力中心,那么联邦政府将有必要关注"该机构的一般健康"。这与历史的做法有显著不同,除了农学以外。赠地协会最近建议总统科学顾问委员会把拨款分散给这类机构,发表评论说:"这个建议代表了回复到赠地基本法中确定的政府与机构之间关系的原则,其中规定将内部行政、财务管理与正确指导的责任归于大学而不是政府部门。"② 应当指出,**每个**州至少有一所赠地机构根据程序接受联邦资助。但是,和农学类比并不完全恰当,因为农学本身的性质是地方和地区取向的,而国防和空间探索则不是。

如果我们要采取联邦政府以"大学的充分职能"为取向的话,那么

---

① Roswell L. Gilpatric, *The Changing Patterns of Defense Procurement*, issued by the Office of the Secretary of Defense, June 19, 1962.
② *Circular Letter No. 4*, Association of State Universities and Land-Grant Colleges (Washington, D.C. Feb. 13, 1963).

英国的大学拨款委员会是出色的先驱,这已在美国得到某些支持。① 然而,英国只有大约 30 所大学,而且,一所高教机构是不是大学,是非常清楚的事。此外,大学拨款委员会已开始发挥更多影响,影响到新计划的确定,新建筑的费用、大小甚至外观,机构中教员薪金的平等化,以及决定录取政策,而不是像现在这样,如果来自本国联邦政府的话就可接受。

有些艰难抉择必须要面对。过去 20 年的分散化项目的方法有许多可取之处。它能按照实情作出选择,能灵活地遵照业绩质量,并呼应国家目标。大学及其学者保留着相当大的自由。但是主要依靠项目方法现已不再可能了。事实上,项目已不再是过去那样的精选手段了。生产的无政府状态在政治上不再是可行的解决办法了。

据说,对机构予以资助将能"给大学必要的自主性",而且会有助于力量的疏散以及若干方面的更佳平衡。可是,并不清楚如何挑选特定的机构,或者一旦选定以后,如果机构业绩不佳,随后该如何撤除资助。对于像现代大学那样复杂的综合性机构,要评估其优点是困难的。另一种选择是依靠一种程式,例如赠地机构中的农业。还有一种是由政治影响来引导,而且这正在越来越多地发生。

据报道,国会已经觉察到它对各政府部门的专业人员失去了控制,它要重新取得控制。"国会知道它对科学的许多权力已让渡给了政府行政部门,它对此并不高兴。"② 哈佛大学的自我评估报告提出了政治干预的危险以及整笔拨款所固有的"长期影响"。③ 大学之间的竞争将从政府部门委员会的准学术讲坛转向立法议会大厅。

此外,选择指定的"实力中心"采取了一种单一的指定来源——单

---

① "这种情况似乎要求对美国大学的一般援款大致仿效大学拨款委员会对英国大学所提供的模式。在任何情况下,问题在于对教育机构的直接津贴以便增加它们各系的全面力量并提供它们行政管理的更大灵活性。"National Science Foundation,*Annual Report*,1960,p.16.
同时,悉尼·胡克在科姆罗着的著作(Sidney Hook, in Comroe, ed., p.245)中也说:"我个人看到这是今天英国制度中的最佳解决办法——并非理想的解决办法,因为没有理想的解决办法——英国政府通过大学拨款委员会对大学提供不规定具体目的的整笔拨款。这一制度会给予大学必要的自主权以满足它的教育需要并允许大学将资源配置在其教育事业的各关键点上。"

② John Walsh,"Congress:Lag in Science Advice Gives Executive an Advantage,"*Science*,Vol.139,no.3549(Jan.4,1963),p.27.

③ *Harvard and the Federal Government*,p.26.

一的整个联邦机构或委员会(a single over-all federal agency or committee)。单一的政府部门意味着单一的控制来源,它有别于当前由若干部门和若干影响来源所构成的多元状况,它有机会在它们中间进行挑选。单一的控制来源会使影响关系成为真正"危险的伙伴关系"①。最后,经费用度由高等教育机构控制而不是通过各个政府部门控制,是否一定能更好地有助于国家利益呢?要知道,各政府部门所作出的决定更能免除内部僵化和平均主义的倾向。

在关于选择机构资助还是项目资助的争论中,更可能赞同机构资助的是国会议员,而不是政府部门中的专业人员;是大学校长,而不是大学里的研究人员;是基础较差的大学,而不是基础较好的大学;是人文学者,而不是科学家——概而言之,是那些较少涉及项目系统的人,而不是那些较多涉及项目系统的人。

目前教育界几乎必须支持"卓越"和"平衡"。这是两个有魔力的词。可是"卓越"和"平衡"有时在不同的方向上展开拉锯。也很有必要赞同"机构廉正"而反对"联邦控制"。可是这种机构拨款帮助了我们应该赞同的东西(廉正),可能也帮助了我们应该反对的东西(控制)。把"廉正"交给了大学校长,也可能就把"控制"交给了联邦政府。

我们怎么能真正最好地实现"机会平等产生第一流的成果"②呢?

一些建议

我国的确在教育领域面临一些严重问题。涌入学校的学生越来越多。存在许多质量上的弱点。州和地方政府被束缚在相对固定的赋税结构内,私人捐赠也有其限度。联邦资助是最明显的出路。但是联邦开支本身也不是无限的,而且某些类型的联邦参与尚有某些现实的障碍。

---

① Basil O'Connor, "Science and Government—The Perilous Partnership," Speech delivered Jan. 16, 1963, at the Third Symposium on Immunopathology, La Jolla, Calif.
② President John F. Kennedy, *Message on Education*, Jan. 29, 1963.

第一点考虑是:联邦政府不必要也不可能什么都做。我觉得美国的教育体系虽然总体上是好的,但似乎正处在最大的困境之中——因此最需要联邦政府的帮助——从低层到高层。

低层的问题是从学校"中途退学"以及就业劳动力中非熟练工人的"中途退出"。通过职业培训和再培训,通过咨询、指导和重新安置,这些"中途退出者"在帮助下应能获得活跃的经济体中可贵的技能——在这种活跃的经济体中,技术水平的发展提高或许是历史上最快的。充分就业是使得这种培训收效的必要补充。

高层是指国家需要在若干领域有更多的研究活动和更多的高技术人才——特别是工程师、科学家、数学家、教师和医生。最近的一项劳工统计局调查表明,从现在到1970年,预期的工程师和科学家只能满足3/4的需求。这就留下了很大的差距。工程师供给的前景特别紧张。

幸运的是,那些最必需联邦援款的层面也正是政治上最可行的层面。我的建议将限于高等教育,而且特别限于大学层面。

一、只要有可能,联邦研究中心应设置在大学附近或者就在大学内。大学有图书馆,有可以讨论的同事,有可以培训的研究生,对这类中心提供了独特而有利的环境。反过来,这类中心为大学教师和研究生提供了更多的研究机会。我认为,不是去孤立地建立一个研究中心从而不得不在同一地点建立一所新的大学,最好是把中心建在某个大学附近——即便碰巧不是我们自己的大学。

二、项目制度应主要以它当前的形式继续下去,作为资助大学研究计划与研究生指导计划以及完成联邦政府具体研究目的的主要手段。如果项目经费在60年代翻一番或两番(现在看来很可能),就有可能和有必要使更多项目经费扩展到构成目前联邦拨款大学的首批20所机构以外。奥伦斯已提出大约10所大学,大部分是"公立"的,基于它们现有的博士生计划,已经值得大大增加项目资助。① 其他大学在自然的情况发展中将很快成为这类学校。项目制度遵循通过学科

---

① Orlans, p.169.值得注意的是,标明"公立"和"私立",不像过去对高等教育机构那样,对于联邦拨款大学已经没有多大意义了。

联系的既定线路而避免了确立新的机构联系线路的问题。

项目制度导致"政府和高校科学家之间形成了高度成功的工作关系——一方面,政府需要科学家从事长期和短期研究;另一方面,科学家有能力和兴趣去完成政府所需要的研究"。①

大学所得到的机构拨款最终应该遵循项目拨款的原则(下拨到大学内部的各个项目中去)。查尔斯·V.基德提议25%可作为给机构自由使用的经费,而75%则作为项目经费。② 25%看来是个合适的数字。这些机构拨款可以由大学充分用于新项目、小项目,资助华盛顿不知道的新教师,资助直接的联邦拨款中被忽视的领域——这都是十分灵活的。因此,大学对"绩效"的不同评价可以补充联邦部门的绩效标准。我希望机构拨款可以由联邦部门作为项目拨款的一部分自动分配下来,项目拨款本身也是根据绩效分配的。如果"质量必须占先"③,那么这是保证它的最佳方式。

阿尔文·M.温伯格最近提出了一项有意思的建议:审查研究项目申请书(research proposal)的专门小组,除有关领域的代表外,还可以包罗相关领域的小组代表,这样的改进有利于作出科学判断。他说:"我会认为,这样组成的小组提出的意见将会关注较大的问题,特别在审查对一项研究项目的资助时将能从该研究与其他科研相关性的更广视角来加以审核。"④专门小组更好的公正性也将能保证。

合同及拨款的经常费用应能足够支付一切直接费用及合理的间接费用。

联邦项目经费正在越来越多地用于提高薪金和津贴并压低讲课任务。这种竞争还能走多远而不对联邦部门造成严重的政策难题,始终是个问题。即便没有这种外加的通胀刺激,市场就已足够活跃了;大学受到内部不平等和课时减少的困扰就够多的了。

当前正在出现针对研究与发展工作的一种三边竞争,竞争方牵涉

---

① Orlans, p. 264.
② Chavles V. Kidd, "The Institute Discussion: Research Emphasis and Rcsearch Itself," in Comroe, ed., p. 120.
③ Orlans, p. 180.
④ Alvin M. Weinberg, "Criteria for Scientific Choice," *Minerva*, Winter 1962.

到工业、大学和政府本身。① 在竞争中，大学应会偏好基础研究以及有关研究生指导的其他研究。

现在正在建议并实施使联邦拨款与合同越来越多地纳入文理学院以帮助教师从事研究并培训优秀的本科生。这一过程可以轻易地改变学院的首要义务而使它们逐渐转变为完全不同类型的机构。一个项目接一个项目地进行，这几乎必定会发生。对这种学院的管理机构来说，在学院性质随着一个个的项目而发生转型的过程开始以前就研讨一下这种角色变化的含义，岂不是很好？如果它们接受这种角色，它们应当通过自觉的政策决定来接受它。

三、为了在即将来临的新生大大膨胀的"赤字年"期间增强大学的讲课功能，联邦部门应允许甚至鼓励博士后研究员和研究教授（research professor）以 1/4 甚至 1/3 的时间来讲课而不需校方支出任何费用。当前的制度增加了"非教学人员"的人数并扩大了研究人员与学生之间的鸿沟。因此，更多地设置从事研究业务的教授职位（research career professorships）一事也应该得到认真的审查。从研究观点来看，这种职位真的必要吗？不要他们正常地参与（包括教学活动在内的）全部学术生活真的是合宜的吗？

大学本身应注意，助教职位与助研职位及研究员职位是完全具有竞争性的。

四、联邦部门应为它们的博士后研究员与从事研究业务的教授以及没有对应经费要求的所有合同和大部分拨款提供用地与设备。从捐赠或州的资助中取得这些目的的用地与设备是十分困难的，而且也不完全适当。

五、还可以仿照全国科学基金会来建立一个全国高等教育基金会。它可以作为高等教育利益的集中点，在全国科学基金会的范围以

---

① 见 *Report to the President on Government Contracting for Research and Development*, prepared by the Bureau of the Budget and referred to the Committee on Government Operations, United States Senate, May 17, 1962; and *Operation and Management of Research and Development Facilities and Programs, Analytical and Advisory Services and Technical Supervision of Weapons Systems and Other Programs for the Government, In-House and by Contract*, prepared by a committee under the chairmanship of Helge Holst, treasurer and corporate counsel of Arthur D. little, Inc., and dated April 17, 1962.

外提供拨款。这样的一个基金会必须小心探索可以最有成效地给予资助的领域,以及合适的资助形式,正如全国科学基金会在它感兴趣的领域运用这种技能与判断所做的那样。可能早先被考虑的领域,举例来说,有艺术创作、国际研究与环境计划。它们每一个现在都处于相当活跃的阶段,每一个都关系到高度的国家利益。此外,一个高等教育基金会可以资助大型的地区图书馆资源,使联合书目供地区内其他院校图书馆使用。

六、现在在进行的其他若干帮助高等教育的联邦计划一般都运行良好,应继续下去。

联邦住房署关于提供贷款给宿舍楼、学生联合会与停车处的已有计划应执行和扩大,国防教育法下面的若干计划也应如此。这些计划都遍地开花,几乎影响到所有的大学和许多学院。

研究生的研究津贴应当扩大,供有才能的研究生使用。具备经费本身不等于就能产生称职的候选人。至少一半的研究生津贴应能在全国范围内转移,不到一半的津贴将用于特定机构。洛克菲勒基金会和伍德罗·威尔逊基金会允许机构拨款为每位学者支付部分机构开销的做法很值得广泛推广。

联邦政府部门应该承认,研究会使知识内容与知识结构发生了变化,因而许多领域迫切需要进行课程改革。它们应对大学在这些领域重审和改进教学的努力给予资助。有些资助正在拨发,特别是全国科学基金会在物理学方面的资助,可惜最近的一些发展却与这种趋势背道而驰。例如,全国卫生研究所现在不能在生物学方面资助这种活动——而这一领域正急需它们。

大学为联邦政府进行的外事项目,如果相当长时期内都是主要的任务,那就看来最有成效。特定项目则对外国或者承包的大学收效甚微。

七、医生和牙医现在和将来都供不应求。提供相关培训的研究津贴与设施是联邦政府的当务之急。①

---

① 见 the White House Special message,*Improving American Health*,Feb. 7,1963。

八、美国人大会在 1960 年提议的一个教育顾问理事会①有机会对全国教育制度与教育需求进行全面观察,这是单一的联邦政府部门所做不到的。这类似于总统经济顾问理事会,不过是在教育领域。教育非常需要一种比过去更加协调的呼声,如麦克乔治·邦迪非常有说服力地主张的。② 但联邦政府也需要一只更加协调的耳朵。

这种理事会可以帮助制定一份人力预算,该预算涵盖了依靠正式教育的技能的供应和需求。确实,国家可以从全面人力预算中受惠,补充它的其他预算,因为它将集中注意力于人力资源及其开发的意义。

过去 20 年来联邦政府与高等教育,特别是与联邦拨款大学的合作关系在扩大科学思想与技能方面收获巨大。现在我们正在进入扩大和深化关系的新阶段。这个新阶段可以把美国的教育承诺提到新的进取高度。它也可以保护高等教育享有免受过度控制的传统自由。它可以扩大机会均等的范围。它可以保持住现有的卓越,甚至实现更大限度的卓越。要确信它能做到所有这些事,这是一项挑战。

---

① American Assembly (note 2, above), p. 199.
② McGeorge Bundy, "Of Winds and Windmills: Free Universities and Public Policy," in Dobbins, ed. (note 2, above), pp. 96-98.

第三章　才智之都的未来

戴维·斯塔尔·乔丹曾说过,"真正的美国大学尚在未来"。现在的情况还是这样,因为美国大学还没有发展出它们的充分特性,以及有关大学目的与功能的独特理论。它们仍然瞩目于古老模式与外国模式,虽然程度越来越小了;而且这些模式完全不再可行的日子正在来临。

由于大学遭遇的许多内外逆流,预言的任务是困难的。阿奇博尔德·麦克利什在1941年写道:"像其他私立机构一样,哈佛必须面对这一事实:在可预见的未来,给大学的拨款,比不上20年代后期的整数。像其他私立机构那样,它必须承认入学的顶峰可能已经达到了。因此像其他私立机构那样,它必须接受一个事实:它的这一历史时期将是一个在既有疆界内进行调适的时期,而不是扩展既有疆界的时期。"① 自1941年以来,哈佛已成为一所联邦拨款大学,取得了前所未有的私人拨款,扩展得远超过当时的"既有疆界"。这种情况足以说明,当谈到像现代美国大学那样处于变化环境中的生气勃勃的机构时,作预言就有危险了。

---

① Archibald MacLeish, *The Next Harvard* (Cambridge, Mass.: Harvard University Press, 1941), p. 4.

第二次转型

美国大学目前正在进行第二次大转型。第一次大体发生在19世纪的最后25年时间中,当时赠地运动和德国的理智主义一起带来了不同寻常的变化。当前的转型将大体包罗第二次世界大战以后的25年。大学正被号召去教育数量空前的学生,去响应国家机构的日益扩大的要求,将自己的活动与工业前所未有地融合在一起,去适应并重新开辟新的学术潮流。到这个时期末,将会有一个真正美国的大学,一个在世界历史上独特的机构,一个不瞩目于其他模式而使自身成为世界其他地方的大学模式的机构。这不是信口夸耀。这只是因为塑造美国大学的迫切因素正在全世界发生作用。

每个国家有了影响力以后就会在它的世界发展领先性的学术机构——希腊、意大利城邦、法国、西班牙、英国、德国,以及现在的美国莫不如此。伟大的大学是在历史上伟大政治实体的伟大时期发展起来的。今天,教育比任何时候都无可避免地关系到一个国家的质量。据估计,在过去30年内,我们国家几乎一半的增长应归功于我国人民所接受的更多的教育以及更好的技术,而后者也主要是教育制度的结果。[①]

美国人民那么多的希望与恐惧现在都关系到我们的教育制度,特别是我们的大学——希望长寿,希望进入外太空,希望更高的生活水准;害怕俄国或中国的霸权地位,害怕炸弹和毁灭,害怕个人在变化世界中失去目标。由于所有这些原因和其他原因,大学已成为国家目标的至高手段。这是新的气象。这是现在席卷我们大学的转型的实质。

知识产业 这一转型中基本的因素是"知识产业"的发展,它正在开始渗入政府和企业,并把越来越多的、技术水平越来越高的人吸收

---

① Edward F. Denison, *Sources of Economic Growth in the United States* (New York: Committee for Economic Development, 1962).

进来。据弗里茨·马克卢普计算,各种形式的"知识"的生产、分配和消费据说占国民生产总值的29%;"知识生产"以大约两倍于其他经济的速度增长。① 知识前所未有地处在了整个社会活动的核心位置上。铁路在上世纪下半叶和汽车在本世纪上半叶都曾经是国家发展的焦点,同样地,知识产业在本世纪下半叶也将成为这样一个焦点。而大学正处在知识进程的中心。

在历史上,大学就是以同心圆的方式发展着的。它从希腊的哲学以及亚历山德里亚的图书馆——第一所伟大的图书馆——开始。它扩展到古代的专业,然后到科学。它渗透到农业以及现在到了工业。最初,它服务于社会的精英,然后还有中产阶级,现在它服务于所有人的孩子,不论其社会背景与经济背景。

现代大学在空间上往往反映了它的历史,校园的中心是图书馆、人文学科与社会科学,扩展到各专业学院和科学实验室,外围是工业,散布着宿舍楼、公寓楼和膳宿楼。一个现代大学几近理想的位置是夹在将成为贫民区的中产阶级区和超现代的工业区之间——因此学生可以住在一处而教员考虑住在另一处。麻省理工学院发现自身愉快地安置于坎布里奇的破落区和工艺广场之间。

大学已成为挂在工业面前的"诱饵",吸引力大于低税收或廉价劳动力。波士顿周围的第128号公路以及旧金山湾区和南加州巨大的发展中的工业联合体反映出这些地区存在众多的大学。国防部的吉尔帕特里克报告说明,1961会计年度中41%的国际研究合同都集中在加利福尼亚,12%在纽约,6%在马塞诸塞,总数几乎达60%,部分原因是由于这些地方都是"学术中心"。② 纽约市外的斯特林·福里斯特公司为吸引工业而坐落在一所新的大学校园旁边。③ 在加利福尼亚,新的工业实验室在两所新大学校园的第一幢建筑物落成以前就被安顿在校园边上了。

---

① Fritz Machlup, *The Production and Distribution of Knowledge in the United States* (Princeton, N.J.: Princeton University Press, 1962), pp. 374, 399.

② Roswell L. Gilpatric, *The Changing Patterns of Defense Procurement*, issued by the Office of the Secretary of Defense, June 19, 1962, p. 7.

③ John Fischer, "The Editor's Easy Chair," *Harper's Magazine*, September 1961, pp. 10-16.

有时工业界会进入大学实验室以便几乎在最新的思想诞生以前就提取它。经纪人不是等在学校大门外，而是进入校舍过道活动。他们也在就业指导办公室活动。反过来，大学也进入工业界，例如通过斯坦福研究所。

大学和工业区盛衰的新联系带来了大学间和地区间的竞争，除了19世纪德国的大学及其土地曾展开过类似的竞争，这种竞争可说是史无前例的。得克萨斯和匹兹堡设法仿效加利福尼亚和波士顿所做的，爱荷华、西雅图以及几乎其他所有地方也在展开大学间和地区间的竞争。还有一个广泛的运动是要让每个工业联合体的大学中心不要落于人后成为"二等的"。

那些试图在学术等级制中上升的大学往往可以通过新的学术专业和体育而最迅速和轻易地吸引全国的注意——也可以通过雇用伟大的、有名的学术明星。一个"野心勃勃的"大学的标志是它疯狂地争夺橄榄球明星和学术泰斗。前者不学习，后者不教课，因此他们形成了一个肌肉与才智的美妙结合。

大学与工业的各部分越来越相像。当大学结合进工厂世界，教授——至少是自然科学以及一些社会科学领域里的教授——就具有企业家的特点。工业有了科学家与技术人员，就不自在地领教了一点儿学术自由以及与知识分子打交道的方式。这两个世界正在从形体上和心理上趋于融合。

思想之都的兴起　大学各中心具有一种结合的倾向。艾伦·内文斯这样说："高等教育的观察家们现在可以预见到一个全新的图景正在不可抗拒地出现。它不会再向我们展现一个国家里散布着一些学术高峰，中间夹有一些较低的小山；它将是一幅以绵延的山脉为主的新图景。"[①] 未来的最高峰将从最高的高原上升起。

这样的一个高原从波士顿延伸至华盛顿。沿着这一脉系坐落的大学与实验室中拥有46%的美国诺贝尔科学奖获得者和40%的全国科学院院士。第二个有着高峰的脉系沿着加利福尼亚海岸。C.P.斯

---

① Allan Nevins, *The State Universities and Democracy* (Urbana: University of Illinois Press, 1962), p.114.

诺写道:"现在美国科学成就的前进速度是人人都赞扬的。试想那惊人的天才星座,特别是在自然科学方面的,都是沿着加利福尼亚海岸,从伯克利和斯坦福到帕萨迪那和洛杉矶。世界上没有任何地方会有这样集中的天才。这有时使欧洲人惊奇地认识到,整个西方有那么多的纯科学是在美国进行的。奇怪的是,这往往也使美国人惊奇。猜想一下,这个数字大致在80%左右甚至很可能更高。"①

加利福尼亚山脉拥有36%的诺贝尔科学桂冠获得者和20%的全国科学院院士。十大院校和芝加哥构成了学术高峰的第三个脉系,有10%的诺贝尔奖获得者和14%的全国科学院院士。这三组大学——东海岸,加利福尼亚,十大院校与芝加哥——目前产生美国授予博士中的3/4。另一个脉系可能正在得克萨斯—路易斯安那地区形成之中。

这种天才的集中,部分地是听命于历史——公立、私立老大学的坐落位置,部分地是受制于工业力量与人口中心。但它也有自己的逻辑。没有一个大学能包罗所有的专业,或者包罗得尽善尽美而具有足够数量的亲密的学术同事。学者不喜欢学术上的隔离,好学者往往聚到一起。这种聚集是特别有效能的环境。没有一所图书馆是完备的;任何研究生课程也不会是完备的。有些实验室如加以好好利用,应当由一个以上的大学使用。因此,十大院校和芝加哥通过它们的机构合作委员会正在把它们的图书馆资源融合起来,为研究生创造一个"共同市场",使他们的研究实验室在共同使用的基础上多样化,并把外语专业分细。在加利福尼亚大学系统以及伯克利和斯坦福之间正在发生一些类似的事。哈佛和麻省理工学院以及宾夕法尼亚大学等也在经营联合研究的企业。

这些聚集的大学反过来也在周围聚集起以科学为取向的工业与政府企业。为了对抗大都市的吸引力,现在出现了新的思想城市。孤立的山峰已不能再主宰场面了;星座大于单一的星球并增加了天空的亮度。

---

① C. P. Snow, 110th Anniversary Banquet Speech, Washington University, St. Louis, Mo., Feb. 23, 1963.

还有其他可能的发展模式。法国和俄国没有使它们的大学成为社会生活的中心。它们把它们的研究所远远地分隔开来,并为它们的许多技术训练另立研究所。而且,两国都把大学建立在地区基础上,由一个大学垄断该地区。然而,法国和俄国现在正在使它们的大学成为更核心的机构,而巴黎大学与莫斯科大学尤其成为主宰性的机构。可是,它们的基本形式相当不同于美国的,而且我觉得也不如美国的那么有成效。

有了这些国家的、工业的和学术的吸引力,大学必须迅速对机遇作出反应,随时准备好适应变化。可是它们基本上是保守的机构。雅克·巴宗在他的《才智之屋》中从一种向内看和理想式的观点来展示这个"屋",它反对科学"腐败",反对现代艺术,反对那些有着跨学科项目的基金会,等等,遗憾地觉得这个"屋"已不再是"远离的人群"(a company apart)了。① 然而,现代大学的"才智之都"也应向外看和着眼现实;它不能够是"远离的人群"。内部与外部力量之间的矛盾始终是大学的一件难事,但是从来没有像现在这样紧张,现在变革的急迫性正在对内部和谐的必要性无情地施加压力。

保守的机构——活跃的环境

关于大学有两个伟大的题材。一个把它描绘成激进的机构,而事实上它作为机构在行为上是最最保守的。另一个把它描绘成独立自主的修道院,而历史事实是,它总是回应(但很少像今天那样迅速)外部人群的愿望和要求——有时是为了爱,有时是为了得,而且越来越自愿,某些情况下太急切。外部的观点认为大学是激进的,内部的现实认为它是保守的。内部的幻想是它是自身的法则,外部的现实是它受历史的管制。

大学的雅努斯*之门既向内也向外,在大门之内,社会图景变化万

---

① Jacques Barzun, *The House of Intellect* (New York: Harper, 1959).

* 雅努斯,罗马神话中的门神。——译者注

千。当人们向内看"象牙塔"的时候,他们看到一个不同的"镜中地"。在这里,要到什么地方去,你必须慢慢地走两遍。它必定如此。大学作为一个机构,必须给它的教员创造一种环境:

一种稳定感——他们不用害怕使他们工作分心的经常变化;

一种安全感——他们不必担心大门外对他们的攻击;

一种持续感——他们不必关切他们的工作和生活结构会受到极大破坏;

一种平等感——他们不用怀疑别人会受到比他们更好的待遇。

在机构周围构架的保护和稳固之中,教员个人可以发挥创造能力。伽利略在当时帕多瓦的保守机构内,伊拉斯谟在牛津和弗赖堡,牛顿在剑桥,促成了现代世界得以产生的巨大转变。但他们所在的机构,作为机构,却迟钝地没有变化。

教师公会 "决不要干带头的事",这是当世纪之交的剑桥沸沸扬扬地呼应现代世界的时候,F. M. 康福德以他处于剑桥大学一位古典学者的优越地位所作的不满结论。他接着说:"要在每个人都信服应当做以后才能够做,而且已经信服很久了,以至于现在可以做其他一些事了。"[①]约翰·斯图亚特·穆勒把他当时的英国大学视为主要同国家生活的进步无关。哈罗德·拉斯基,在穆勒之后一个世纪,感到牛津和剑桥是在一种"工团主义"形式下活动,他认为这是他所寻求的社会利益的对立面,它们只有靠皇家委员会每三四十年撼动一次而局部有所保全。弗莱克斯纳把大学称为"通常被视为保守的机构,甚至常常作为反动堡垒",还说,"这样的机构往往因相当明显的原因而落后于它们所表达和推进的那种生活"。[②]

关于美国的情况,弗雷德里克·鲁道夫在他最近关于美国大学与学院的权威性研究中总结称,"对基本改革的抵制,在美国的学院与大学传统中是根深蒂固的,正如三百多年历史所显示的。……除了极少

---

① F. M. Cornford, *Microcosmographia Academica: Being a Guide for the Young Academic Politician* (Cambridge, Eng.: Dunster House, 1923), p. 32.

② Harold Laski, "The American College President," *Harper's Monthly Magazine*, February 1932, p. 319; Abraham Flexner, *Universities: American English German* (New York: Oxford University Press, 1930), p. 5.

的场合,美国的学院与大学的历史性政策是:在变化事实上已经发生时,观望,犹豫地适应;在没有人注意时姗姗来迟地承认"。① 内维特·桑福德在研究了更晚近的焦点以后注意到根本没有什么革新,"由学院或大学教师推动的"革新甚至更少;当一个改革运动到来时,"通常拉后腿的似乎正是教师集体"。②

在学术职业里,正如在许多其他职业中一样,有一种"行会心态"。行会是疏离于社会的,忠于生产者主权而不是消费者主权,坚守行会规章而不是迅速适应大众要求。行会是平均主义的,充满参议院式的礼貌否决,对自身成员进行选择。它也是如斯诺刻画剑桥和牛津大学的诸多学院的特点时所说的"某种俱乐部"③,以及如阿什比注意到的这些机构是"资深教授寡头统治"④。在德国,教师员工更是一种阶级结构而不是一个行会——一种阶级结构是紧密联系周围社会的阶级结构的,是等级制但不是家长制。

自我包容的行会思想仍然是一个有吸引力的理想。最近向教师的一项号召是"关上我们的大门",成为"我们墙内的主人",采取"进攻的态度"反对周围的社会。⑤ 但除了少数情况外,教师公会从来不是一个在现实中充分自治的行会,几乎从来不是一个"自由人士"的人群,⑥它可能很喜欢相信自己是的。然而,行会思想,"学者共和国",往往可理解成教师们不切实际的看法。

历史上有时对"行会"盘绕而过,有时破坏了它,有时改造了它,有时完全冲垮了它。文艺复兴大部分完全发生在大学之外。大学通常站在反对宗教改革一边,虽然在许多大学内进行了艰苦的斗争,在有

---

① Frederick Rudolph, *The American College and University: A History* (New York: Alfred A. Knopf, 1962), p. 491.
② Nevitt Sanford, "Higher Education as a Social Problem," in Sanford, ed., *The American College: A Psychological and Social Interpretation of the Higher Learning* (New York: John Wiley & Sons, 1962), p. 19.
③ C. P. Snow, *The Masters* (New York: Macmillan, 1951), Appendix, p. 382.
④ Eric Ashby, "Self-Government in Modern British Universities," *Science and Freedom*, December 1956, p. 10.
⑤ Frank Pinner, "The Crisis of the State Universities: Analysis and Remedies," in Sanford, ed., p. 91.
⑥ Logan Wilson, *Academic Man* (London: Oxford University Press, 1942), p. 71.

些大学中改革派终于得胜。工业革命、民主革命和科学革命都逐渐进入大学并把它们改变得几乎不可辨认了。有些革命,如法国大革命和俄国革命,把"行会"完全置于国家控制之下,虽然在法国"行会"又重新取得了它的一些古老的权利。在所有这些学术与社会革命中,大学作为一个机构开始时更多地是一个"反动堡垒"而不是革命力量,虽然其成员们的思想常常是变革的刺激因素。

埃里克·阿什比说过,政策应在行会内"逐渐向上渗透"。[①] 有时它已这样。在牛津和剑桥,当行会仍然控制着并且仍然致力于古典学的时候,具有非凡质量的研究就发展了。但总的说来,当变革来临时,它是从大门以外创始的,或者至少从那里得到帮助的,正如今天的英国所确切地显示的那样。今天在那里进行的教育革命来自外部和上部,它在工党中有最大的支持者。

教师个人,特别是教师中的政治自由派,往往在大学里既有"行会"观点,也有"社会主义"观点。行会观点主张自决,主张反对学校行政当局和校董;社会主义观点主张服务于社会,而这是学校行政和校董所宣称的。行会观点对外部环境是精英主义的,对内部变革是保守的,对同事们的意见是遵循照办的。社会主义观点对社会是民主的,对变革是激进的和不墨守成规的。而政治自由派则被两种观点所吸引。这其中有自相矛盾之处。很少有机构在自身事务上像大学那么保守,而大学的成员却对别人的事务十分自由开明;有时在一个背景下最开明的教师在另一个背景下却最保守。自然的激进派在行会背景下是极其保守的。在南方作为反对种族隔离的"自由乘车客"(freedom rider)而被捕的教师,在他的北方校园里却强烈支持必须有教师事先的一致同意方可进行任何变革。教师俱乐部的门既向外开也向里开。

变革对学术界是一种创伤性的经历,这对其他人也是这样。耶鲁的教师1828年在理论上反对而在实践中证明,学院"静止地停泊在同

---

① Ashby, p. 5.

一码头上……就只能测量经过它们的改进急流"①。从非常实际的意义上说,教师就是大学——是它最有成效的成分,是它卓著的源泉。而教师们都是企业适当的合伙人,有着留给他们专门控制的领域。但是来临的变革很少是被这批合伙人集体地煽动起来的。这个集团更可能接受、反对或评论,而不是设计和提议。这个集团的功能是作为一个摆轮——反对一些应当反对的东西,坚决主张要更彻底地讨论一些应当更彻底讨论的东西,延迟一些发展以便有时间比较得体地调整到不可避免的方面。所有这一切产生了更多的秩序感和稳定感。

可是,体制变革正在进入受教师控制或影响的领域。有些必需的修正会遇到麻烦。在许多地方,课程和日程需要重新研究;本科生教学要革新;教师关于平等待遇的概念要修正;某些指导因素的机制要设置;某些研究领域(如生物学)要革命化。这些变革将遭遇许多教师的犹豫不决甚至某些抗拒。但至少两种变革将得到教师的支持。一种改革是要克服学术世界的分散化,另一种改革是要求制定使学校行政管理(包括教师行政管理)更人性化的程序。

教师世界似乎感到丧失了团结——学术团结和社群团结。从大范围来看,这是由于"新事物对旧事物的压倒性优势",以及由于罗伯特·奥本海默所谓的"共识的日见稀薄"。② 知识现在是大量分散着的碎片,行政管理遥远,无论在学术方面还是在机构方面教师们日益成为"孤独的人群"。只有当要狂热地联合起来申诉一些有关日程改变或停车费之类的事件时,这个"教师群体"的成员们才走到一起相互交流。评说此点让人悲哀。

但相当幸运的是,教师集体对于个别成员或少数成员所渴望的变革抱有一种参议院式的礼貌态度。校外倡议的变革,例如联邦拨款大学发展中的变革,也有着校内支持者,这是特别容易完成的。反过来,追求新事物的教师个人,发现他最大的鼓励和力量往往来自外部;学

---

① *Reports of the Course of Instruction in Yale College by a Committee of the Corporation and the Academical Faculty* (New Haven, Conn.: Hezekiah Howe, 1828), in *American Journal of Science and Arts*, Vol. 15(January 1829), p. 298.

② J. Robert Oppenheimer, "Science and the Human Community," in Charles Frankel, ed., *Issues in University Education* (New York: Harper, 1959), pp. 56, 58.

者个人是发明者,外部机构是革新力量。发明创造的教师几乎本能地知道内部变革如能得到基金会或联邦部门的外部支持就能更容易地实现。从外部到内部以及从内部到外部的这些联盟一直是进步的伟大源泉。

许多变革也主要发生在教师集体范围之外,在学术界"否决权集团"之外,即:在新的系科或研究所,在新项目,在新校园。特别是,近年来研究所已成为革新的媒介,正像系是传统的库房。变革更多的是"出新"而非"推陈"。

当变革真的来临时,它可能是依靠缓慢的说服过程,或者依靠内外联盟所形成的颠覆力量,或者依靠偷税漏税(如同新企业中所发生的),或者依靠外部的决策。学术界,不论其卷入了何种特定的进程,它更多的是遭遇变革而不是进行变革;变革更多的是无计划的而不是有计划的。

"怀旧" 如果说教师集体代表现在,那么校友集体就代表了过去——正如教师是最佳的现在,他们是最佳的过去。校友们是以他们自己的本科生时代为取向的。随着变革的速度上升,校友的关切感似乎也在上升。总的说来,他们关切的是:保留住对教学的强调而不是强调研究,保留住老校园的美而不是新近"改善"的柏油、水泥和玻璃,保留住记忆中的本科生活的总体质量,保留住老毕业生入学时老的录取要求,保留住从未输过一场的球队,保留住"常春藤大楼"的精神而不是联邦拨款大学的技术物质主义,保留住老母校的完整而不是华盛顿方面的奉承。大学越老、越小、越私立、越出名,这种关切也越强烈。

如果校友是关切,那么本科生是不安。最近美国大学的变革对他们没有什么好处——教师教学工作量少了,班级大了,用代课教师替代正规教师,根据研究成果而不是教学能力来挑选教师,把知识分散为无尽的分支。本科生对教师有一种初始的反抗,过去针对在校教师的反抗现在是针对离校教师了。学生发现自己被一套非人格化的规章笼罩着——录取规章,奖学金规章,考试规章,学位规章。有意思的是,我们看到教师对自己不设什么规章,却对学生设了那么多的规章。学生们也希望自己能被当做独特的个体看待。

如果教师把自己看做是一个行会,本科生就会把自己看成是一个

"阶级",有些学生甚至感到像是"流氓无产者"。刺激性的原因是由于教师对讲课缺乏关心、无休止的规章与要求以及非人格性。少数离经叛道者心中想着另外一种反抗。他们要把大学按照拉美或日本的模式变成一个堡垒,他们可以不受惩罚地从那里出发去进攻社会。

如果联邦的研究拨款带来了一个主要的革命,那么由此而来的学生的被忽略感可能带来一个小型的反抗,虽然反抗的目标是极其不可捉摸的。

大的州立大学最易于受到忽略学生的责难。私立大学更多地结合传统,结合学费,结合校友资助,学校较小,一般在保持它们对本科生生活的关注方面要好得多。

在校际竞争中,对奖学金获得者的统计所表明的最有才能的学生的分布是一个有力之点。一个大学中有才能的学生的份额是它排名的一个重要因素:它的教育计划对于最有权作出抉择的学生有多大吸引力?

学生们要求享受到更好的本科生教育对大学形成了压力;大学遭受的压力可能还要加上家长们的抱怨,家长们认为他们的孩子正在研究圣台上遭到牺牲。同时,一般公众的注意力由于"人口膨胀"的影响而集中在小学和中学,现在随着"人口膨胀"到了大学,公众的注意力就越发地转向大学。一般说来,公众更关心教学质量而不是研究数量。大学一直把教诲之光转向低层的他人,现在可能要转向它们自己了。

外部的要求 大学生活中真正主要的变革是从外部发动的,这些外部力量如:法国的拿破仑,德国的教育部部长,英国的皇家专门委员会和大学拨款委员会,俄国的共产党,日本皇权复辟时期的天皇,美国的作为非专业人士的大学董事会和联邦国会——当然了,在美国还有基金会。那些对需要和可能性作出迅速回应的基金会,例如在医科教育改革、引进跨学科研究、使大学参与世界事务等方面,都是主要的推动者。它们的影响像催化剂一样十分巨大。这些新的发展本可以在大学内自行采取,但是它们并没有做。

部分预期的变革可以根据外部发动者——校董,州政府,基金会,工业,联邦政府——的利益来识别。当前的关注是什么呢?那是:

有关经费的问题,特别是比尔兹利·拉姆尔所指出的师生比例、

对学校活动日程更充分的利用、课程数量过多、教学机制等问题;[①]

有关接纳现在已经在敲打校门的大量年轻人的问题;

有关公共服务的问题——文化计划、市区扩展、对州与联邦立法议员及部门的建言等问题。

有关研究质量与部署、特别是建立更多大学研究中心的问题;

有关新发明的利用、特别是生物科学中的并扩展到保健科学与农学中的新发明的利用问题。

此外,还有公众对校园内"道德"的普遍关切;关切所谓的"反传统一代"分子,关切青年激进分子,关切欺骗问题,关切性的问题。公众还深深关切研究发明能以多大程度和多快速度改变每个人的生活。这些"道德"关切装满了校行政管理者的信箱。

大部分变革的外部来源摆出了非常严重的问题:如何识别"好""坏",如何趋好拒坏。还有一个时机问题,即如何不要过快和过慢地进行调整的问题。此外还有如何改变大学的内容而不改变它的实质形式的问题;如何借助首先由教师个人进行的整个机构的激进功能来调和教师集体的保守主义的问题。这些选好拒坏、定下变革速度以及找到对传统进程伤害最小的变革方法的责任首先落到校行政管理者犹豫不决的肩头上。正如康福德说的:"你认为(不是这样吗?)你只需说出合理的事,人们就必定听从道理并立即行动。正是这种想法使你如此不快。"[②]

今天,变革正在相当快速和自发地发生。而且,大学之间的竞争已变得如此激烈而使接受变革的速度加快了。当前的问题主要不是大学没有充分控制好它自身的发展方向——它很少能控制——而是它必须经常而迅速地处理被判断为实质性调整的事情,这一点就像一个阿米巴变形虫处在不友好的环境中。这加深了机构内部结构受到的紧张。但与此同时,目前增长速度的数量有助于缓解这些紧张,因为一个增长时期必然包罗相当多的灵活性。可是,现代美国大学的主要考验仍然是它如何明智和迅速地调整自己以适应重要的新可能性。未来伟大的大学将是那些已迅速和有效地作好调整的大学。

---

① Beardsley Ruml, *Memo to A College Trustee: A Report on Financial and Structural Problems of the Liberal College* (New York: McGraw-Hill, 1959).

② Cornford, p. 4.

变革的新面貌

大学目前正面临着有关调整的三大领域:增长,转变学术重点以及参与社会生活。这些领域中的每一个调整方向是相当清楚的;详细的安排与时机则不清楚。

一、增长 在 20 世纪 60 年代,美国大专院校的学生数量几乎将翻一番。这额外的 300 万人等于在 10 年内重复了哈佛大学建立以来 300 年中的增长数。研究生的比例将大大上升,现在已经有 25000 名博士后学生了。

现有的校园正在扩大,还建立了许多新校园。这将是美国历史上校园革新和建立的最伟大时期。随着二年制专科学院运动发展到全国,数量极大的专业学院将建立起来。

培养研究生的新中心正在涌现,在提供最大整体综合资源的竞争中,新、老中心正在形成一个联盟网络。

为了容纳剧烈增长的入学新生,许多活动日程正在重新安排,特别是在州资助的学校,以使校内有形设施能更多地得到几乎通年的使用。学生们如果愿意,可以提前完成学业,学生一般会来来去去,不大管他们的"课";更多的学生只要适合他们特定的计划与需要就会半途入学或半途退学。

有一些教学指导的高级设备(电视、语言实验室、程序化学习)被用来改进质量并节省教师时间以便能从事其他活动,如更多的对学生的个别指导。理工科几乎都迫切地接受了这些学习帮助。外语系科则有所犹豫,因为这些方法会威胁它们的教师聘用结构以及研究生的招收与利用。

由于竞争教师,薪金将继续增加;各种福利待遇将制定出来,以期把教授留住于特定的校园。除了各大学间的竞争以外,还有与工业和政府的紧张竞争。这种竞争对提高教师收入有明显的好处,但也有消极方面。当市场变得更为活跃时,校内平等会受到损害,因为有些学科比其他学科有更旺的市场需求。教学工作量在竞争中减少了,有时降至零,虽然需要更多教师而且学生在抱怨缺乏关注。教授对他所在的大学的认同普遍淡化——他更多地成为自由流动职业中的一员。教授能花多少时间从事大学给予的任务以及从事那些影响其校内收入的工作呢?这方面的规章继续处于很大变动中。

可是,当前薪金与福利上升的现象可能是相对短暂的,或许只延续到这个 10 年中剩下的时间。教师薪金在历史上滞后一段时间以后已赶上其他职业的收入。到 1970 年,随着所有新的博士源源涌入市场,今天的人才匮乏可能转变为明天的人才过剩。在 20 世纪 70 年代,可能会到达一个新的薪酬高点。但是长期来说,随着教育进程发现更多人才而使愿做普通劳工的人群大大减少,薪酬增长较快的是普通劳工而非稀有人才。

二、转变学术重点 知识随人口而激增。还有对某些技能需求的激增。大学回应了所有这些激增。

对工程师、科学家和医生的需求大增将使大学的这些领域吸引大量资金。一些新兴专业正在诞生。还有一些则变得更加正规地专业化,例如企业管理和社会工作。大学成了进入这些专业的主要入境口岸。事实上,大学成为入境口岸就使一种专业获得了身份。这使教育有了新的角色,但这也部分地冻结了职场金字塔的结构并保证行为优良者得到提升(即使天才并未得到提升)。大学被用做检查器(egg-candling),它或许比其他方法更好,但是这一过程使职场生存中少了一些冒险,使有些行业只在封闭的专业圈子里选择从业人员。大学一千年的生命已使得到承认的专业结合在周围社会之中,而大学还将继续回应新专业的出现。

今天,学术领域发展最快的是生物学。在进化理论一度君临一切的地方,出现了一场真正的革命。过去的分类中正在加上现在化学与物理常使用的新的分析方法。在所有生命结构中要探索许多复杂的层次。现在可以阅读"生命密码";它很快就会被认识,随后很快被使用。这是独特的、惊人的学术发现。原子的秘密已经很大地改变并正在改变这个星球上的人类活动,但比起遗传密码中仍然隐藏着的秘密,其意义尚小得多。如果 20 世纪前半叶可以被认为属于物理学,那么后半叶很可能属于生物学。大学内的资源将注入新生物学,注入随后的新医学与新农学,虽然现在医学与农学已经得到很大的支持。

另一个即将繁荣的领域是艺术创作,到目前为止它还只是学术世界中的丑小鸭或灰姑娘。美国现在正以世界上其他地方无可匹敌的活力充沛着绘画、音乐、文学、戏剧方面的创造性。意大利、法国、西班牙、德国、俄国、英国、低地国家*都有过文化繁荣的伟大时期。美国现在也正在出现。在艺术领域,大学一向更适宜于艺术史家和文艺批评家而不是创作家,创作家在其他地方找到了自己的港湾。可是科学的创造性使科学在大学里获得了威信。或许创造性也将对人文学科起同样的作用,虽然最近以来,人文学科中新的创造性比科学中的少,而且其对创造性的价值判断也不如科学精确。一个非常重要的作用要留待那些研究过去时代之创造性的史学家以及研究当前艺术品的文艺批评家来发挥。但是,美国舞台上正在演出文化发展的大戏,大学如果想在该戏的舞台上、包厢里和观众中具有地位的话,它们就必须找到提供纯粹创造力的方法。

这些扩展的可能性——在各种其他发展之外还要培训工程师、科学家、医生以及生物学和艺术创作方面的更新的专业人才——又一次提出了平衡的问题。正如詹姆斯·布顿恩特·科南特所注意到的,西方世界1000年来一直有着一个"在促进知识、专业教育、通识教育以及学生生活要求之间保持平衡"的历久弥新的问题。[①]

但是平衡始终在变化;这是不平衡的现实。平衡并不是等量对待,并不是在教学与研究之间或者在人文与科学之间以机械的与永久的方式提供等量时间。平衡的力量当乔托在1300年画他的小教堂时,并不等量对待当时帕多瓦的科学家们,或者当伽利略在1600年在他粗陋的讲台上讲课时,等量对待当时的艺术家。领域之间的以及活动之间的平衡无法由正义女神的天平来决定。

平衡的实质是使得资助与学科领域的学术创造性相称,与最高水平的技能需要相称,与社会当前最需要的专家服务相称。这些衡量都

---

* 低地国家,即荷兰、比利时、卢森堡。——译者注

① James Bryant Conant, *Education in A Divided World* (Cambridge, Mass.: Harvard University Press, 1949), pp. 158, 171.

不是恒常的。所以,平衡要求不断变化的一套判断,这关系到当时当地的每个领域、每种技能、每一活动所固有的可能性的条件和对这些可能性的关注,同时保留了每个领域实质的完善性。认识平衡就是认识每项竞争活动在展开的时间和运转的环境中潜在的创造性、潜在的生产力和潜在的贡献。认识平衡就是事先做到比任何人所认识的更多。但必须作出决定,时间将说明决定的好坏。唯一绝对有误的决定是认为今天的平衡必须保留到明天。世界上的事和大学的事在什么地方能做得最好?答案就是平衡的真正定义。

三、参与社会生活 知识现在是社会的中心。更多的人和更多的机构比过去任何时候都更需要它和要求得到它。大学作为知识的生产者、批发者和零售者不能逃避服务。今天,知识是为了造福每一个人。

校园与社会正在进行有所犹豫的和谨慎的融合,这已颇有进展。麻省理工学院至少常常与工业界和政府展开合作,正如爱荷华州立大学曾经常常与农业界展开合作。进修工作真正成了"终身的学习"。今天的哈佛大学医学院有4位博士后医生,每个人都仍在攻读学位;包括商业在内的许多其他技能也是这样。电视使得进修工作有可能延伸到每个家庭;大学的疆界伸展到能包罗整个社会。学生离开校园成为校友,校友回校进修继续当学生;研究生进入外部世界,公众进入课堂和实验室。知识具有广受欢迎的巨大潜力,它打开了潘多拉魔匣。

校园成为文化生活的中心;它在师生之中有着现成的听众,而且具有物质设施。受到表演艺术、视觉艺术和讲课吸引的人们生活在校园周围以及在形形色色的古怪人物的周围。随着一些城市的闹市区日益衰败,校园取而代之,成为社区的文化中心。赠地服务的思想中加上了一个新的层面。

"新政"(The New Deal)* 使教授们从诸多校园进入华盛顿,"新边

---

* 指美国总统罗斯福在20世纪30年代实施的内政纲领名称。——译者注

疆"(the New Frontier)*使他们从一个以上校园到了华盛顿。在第一次世界大战以前的威斯康星,麦迪逊的校园和州政府靠得特别近。今天,校园正前所未有地被吸引到市政厅和州的首府。政客们需要新思想来应付新问题;政府部门需要专家意见来处理老问题。这两者都可以由教授提供。凯恩斯在他的《就业、利息和货币通论》中总结如下:"……经济学家以及政治哲学家之思想,不论是对是错,其力量之大,往往出乎常人意料。事实上,统治世界者,就只是这些思想而已。许多实干家自以为不受任何学理之影响,都往往当了某个已故经济学家的奴隶。狂人执政,自以为得自天启,实则其狂想乃来自若干年以前的某个学人。我很确信,相较于思想渐进的侵蚀力度,既得利益之势力未免被人过分夸大。"①凯恩斯的思想就具有其所言的这样一种渐进的侵蚀力度。

大学应使自身站在明智地解决有时不明智的问题的一方。这些问题越来越多地来自国内与国外;在当今民族主义革命席卷而来的世界上,对这些问题答案的质量就更为重要了。

有人害怕大学进一步卷入社会生活。他们害怕大学会失去客观性与自由。但是社会已比过去更期望客观性,更容忍自由了。大学可以较从前更进一步地走在时代前头和更进一步地落在时代后面,可以更进一步地走向公众的左边和更进一步地走向公众的右边——而仍然保持它的均衡,虽然这方面的问题尚未完全无知。还有人害怕大学会脱离基础研究太多而趋向应用研究,脱离应用研究太多而趋向应用本身。但这些方面的分界线从未完全明确,而在基础研究与应用研究的边缘以及甚至在应用知识及其应用的边缘已产生了许多新知识。

增长、转变重点和参与社会都需要钱;大学在哪一方面得到最大数额将有助于该方面在此后一二十年中胜出。联邦政府提供资助到底将根据业绩抑或根据政治权力呢?私人捐赠者会继续像他们近来

---

* 美国总统肯尼迪1960年7月在洛杉矶接受民主党总统候选人提名演说中提出的政治口号,后被历史学家用来称呼其国内施政纲领。在接受提名的演说中,肯尼迪说:"我们今天站在新边疆的边缘。这是60年代的边疆,充满吉凶难卜的机会和危险的边疆,充满希望而又遍布威胁的边疆。"他要求美国人民必须准备作出牺牲来面对"一系列需要应付的挑战"。——译者注

① John Maynard Keynes, *The General Theory*(New York: Harcourt Brace, 1936), p. 383.

对那些已经不错的大学所做的那样行事吗？各州会找到新的收入来源呢，还是因没有新税收而限制了它们对高等教育的资助？对这些问题的答案将有助于预测各大学下一次排名表上的位置。

尽管有上述情况，美国高等教育的状况将继续异彩纷呈，这是它的巨大力量之一。大的与小的，私立的与公立的，普通的与专门的，都对总体优秀作出了贡献。整个体系是特别灵活的、分散的、有竞争力的，也是富有成效的。新的可以尝试，旧的可以考验，既充满技巧又很方便。高等教育的多元化适应了美国的多元社会。特别值得一提的是，巨型大学是中产阶级多元主义的产物；它与周围社会各种各样的许多情况相关，因此内部也非常多样。

对高等教育的总考验不是有多少做得不好（有些是不好），而是有多少做得出色（大量是出色的），使国家获益匪浅。虽然有人说美国最好的那些大学处在"成功的僵局"之中，[①]可是并没有僵局，却有一些成功。

尚在来临的变化

有一些成功，但是尚有一些要充分面对的问题；它们是后果的问题。

一是大学本科生教学指导的改善。这将要求解决许多次级问题：如何适当地认识教师的讲课技能和研究状况，如何制订出既符合学生需要又符合教师研究兴趣的课程表，如何在追求更佳综合(better generalization)的专业化(specialization)时代里既培养专家又培养通才，如何把学生个人当做学生群体中一名独特的人来对待，如何使大学在日益增大时仍然显得较紧凑，如何在师生之间确立一种比通过讲台或电视屏幕的单行线更为广阔的接触方式，如何再次把教育政策提到教师关注的前沿。而且，较好的学校机构将越来越多地需要记住：它们

[①] David Riesman, *Constraint and Variety in American Education* (Garden City, N. Y.: Doubleday, 1958), p. 33.

的许多本科生将接着上研究生院,所以他们需要作为预备研究生而得到个别关心。

另一项主要任务是建立一个更加统一的学术世界。我们需要在两种、三种和许多种文化之间进行接触;跨越各学科和各分支而打开学术对话渠道;弥合 C. P. 斯诺的"卢德派分子"*与科学家之间的鸿沟;①以普适性理论与敏感性(general theories and sensitivities)来回答细碎分散的学科格局。甚至一度是学术世界中心的哲学现在也分散成像数理学派和语义学派这样不同种类的专业。然而,自然科学由于新发现产生了更为基本的普适性理论而正在聚集到一起;生物学诸领域在其研究进程中可能会吸引到一起;社会学可能在组织、组织与个人关系以及组织内部关系的研究上统一起来。化学与社会心理学可能开始成为核心的聚焦领域。随着知识的集结,如果事实是这样的话,教师就会再次成为大师们的群体;但是"所有知识的统一感"②尚路途遥远。

第三个问题是使大机构中的行政部门更直接地联系教师与学生个人。我们需要(将行政力量)分散到校园内部的具体职能部门(operating agencies)中去;使教师集体成为更生动、有力、进取的一股力量,而现在他们只在系的一级才表现得比较有力量;把从事教学的系和从事研究的研究所之间日益增大的鸿沟(教师则分割在两边)弥合起来;使旧的系和分支同新的知识分支更加和谐地共存;使得一个机构有可能看到自身的总体而不仅仅是零碎的片断,看到历史的范围而不仅仅是一时一刻;把对内外现实的认识联系到一切密切关联该程序的情况以取得更深的认识;注意使行政部门服务学校、激励学校而不是统治学校,注意使行政部门必要时能作出牺牲,始终能灵活运转;保证大学在做得最好的方面还能做得更好;在大学内解决整批的政府问题。

---

* 卢德派分子(Luddities),19 世纪因惧怕机器导致失业而捣毁机器的工人。——译注
① C. P. Snow, *The Two Cultures and the Scientific Revolution* (New York: Cambridge University Press, 1959).
② Karl Jaspers, *The Idea of the University*, trans. H. A. T. Reiche and H. F. Vanderschmidt (Boston: Beacon Press, 1959), 46.

此外，当越来越多的钱代表全民被花费时，就有如何在民粹主义社会中维护卓越界限的紧迫问题。大的大学必定是精英主义的——业绩的精英——但是它活动在献身于平等主义哲学的环境之中。精英的贡献如何能使平等主义者看清，以及精神贵族如何向人人民主证明自己有理？是机会平等而不是平等本身激励了建国父老和美国制度的进步；但是民粹主义平等的力量从来没有沉默过，杰斐逊主义与杰克逊主义之间的斗争从来没有最终解决。

如果有新的出发点，那它们最可能出现在以掌握自身命运而自豪的那些私立老大学的校园里，出现在美国州立大学的全新校园里以及英国新的公立大学校园里。21世纪的大学更可能从这些环境中涌现，而不是从任何其他方面。从老大学的自豪和新大学的真空中，可能出现一批使本科生生活更加生动、使学术论述更有意义、使行政部门更有人性的方法。而且，或许会出现一种更加有力的论证，说明卓越如何使民主更为强劲，使民主的存在更有保证。然后大学就会上升到"时代的高峰"并克服"它们灵感的贫乏"。①

芝加哥大学校长比德尔曾说过，非常大的美国大学（不是他自己的大学）可能会像恐龙那样，"因长得越来越大而牺牲了需要用以应付变化条件的进化灵活性以致趋于消亡"；②它的身躯对它的脑子来说已太大了。戴维·里斯曼谈到美国一流大学时说，"就主要的革新而言……它们是没有方向的"，③它们已经没有外国模式可资模仿；它们已失去"激励因素"。事实上它们不是没有方向；它们的行动有明确的方向和相当惊人的速度；并不存在"僵局"。但是这些方向并不是大学按照其命运的视野制定的，而是由包括联邦政府、基金会、周围那些经常如狼似虎的工业等外部环境所定下的。

大学被它的环境求婚者搂着走过花园小径。它那么动人，那么随和。谁能拒绝它呢？为什么要拒绝它呢？谁愿意拒绝它呢？

但是今日和明日真正的新问题可能难以靠外部权威来提供解决办法。那些问题可能是固有的靠内部消解的问题。现在大学再次需

---

① Sir Walter Moberly, *The Crisis in the University* (London: SCM Press, 1949), p. 20.
② George W. Beadle, "The University of X," *Context*, Fall 1961.
③ Riesman, p. 64.

要发现自己是否有个脑子和有个身躯。

才智之都

我们一直把才智之都说成是一个有着卫星郊区的大学城。才智之都可以从更广阔的背景来看,它包罗了社会上一切的才智资源,它甚至在更广阔的视野中把才智力量当做社会的核心力量,即社会的灵魂。它会是我们社会的救世主吗?

有组织的才智是一个巨大的机器,自从希腊人在 2500 年前开动它以来取得了极大的势头。它产生了数不清的新知识,但不大考虑其后果——它们对环境的影响。从这点上看,它像是一种新的杀虫剂。它对问题的关注很自然地并不总是首先联系到这些问题的重要性,而往往联系到解决这些问题的可能性。因此人口增长和破坏力增长的问题没有对其固有的意义加以相应研究就过去了。这个机器内部有没有"自我毁灭的种子"? 或者它能否发展出一种全面的理性? 正如加利福尼亚理工学院的李·杜布里奇说的:"科学家和工程师的确担心他们成品的后果。但是他们和任何人都没有找出如何避免或甚至预测这些后果的办法。"[①]

这一进程可以停止下来。结果则无法预知。情况尚有待适应。在这里,社会科学和人文学科可以发现自身特定的作用来帮助界定何为善、何为真,并给真理添加智慧。这不会是文化的冲突——文化的冲突太粗陋了——而是每种文化向前迈进的速度。才智能否开始处理自身在解决其他问题过程中产生的一切问题呢? 大学能否帮助解决未来和过去之间的冲突呢? 才智理解的跨度能否在空间和时间上扩大呢?

才智以及作为它最快乐之家的大学可以发挥巨大的潜在作用,来调和未来与过去之间的战争,来设法解决现在以斗争方式分裂世界的

---

① Lee DuBridge, "The Shape of the Future," *Engineering and Science*, California Institute of Technology, February 1962, p. 13.

意识形态巨人之间的战争。然而,在意识形态斗争的背景下,生存几乎是理性行为的唯一实质,未来与过去的调和肯定只能更加捉摸不定了。这两大问题加重了彼此之间的影响。

从一开始我就引述了红衣主教纽曼在"大学的理念"中的话,它反映了牛津大学一度是美丽的象牙之塔。看来,以艾尔弗雷德·诺思·怀特海在 1916 年关于才智地位的预言作结是合适的:"在现代生活的条件下,有一条绝对的法则:不重视智力培养的种族注定要被淘汰。并不是你的一切英雄主义、你的一切社会魅力、你的一切智慧、你在陆上或海上的一切胜利都能拉回命运之手。今天我们保全自己。明天科学将再跨前一步,那时,当命运之神对未受良好教育的人作出判决时,都不会有人为他们提出上诉。"[①]

这就是大学之用。

[①] A. N. Whitehead, *The Aims of Education & Other Essays* (New York: Macmillan, 1929), pp. 22-23.

第四章　20世纪60年代造反以后的再思考

自从这些演讲在1963年初春撰写并在当年4月底在哈佛发表以来,高等教育和美国都发生了许多事情。那是高等教育的一个保守时期——不是指什么也没有发生,因为很多事情正在发生,而是指发生的事情大部分都只是在已有的事情上增加数量和质量而已。当时的方向对大多数人来说一般显得相当清楚:容纳学生的浪潮,扩大和改善研究能力,特别是科学方面的研究能力。可是,正如这些讲话中所提到的,一个新的改革时期,甚至一个造反和反造反时期的早期迹象已很明显了。

红衣主教纽曼在1852年写到古典的英国大学,当时它已开始被德国模式征服,甚至在英国被新型的大学模式征服。亚伯拉罕·弗莱克斯纳在1930年描绘了德国的研究型大学的理想,当时德国的研究型大学已长期让位于以更多服务为取向的美国版大学,而且它还将让位于由纳粹统治的德国大学。这些戈德金演讲接着描述了美国的模式,这种模式在发展和成长了一个世纪以后,当时即将遇到最大的挑战。

人们不知道,一种模式是否只有退出历史舞台而让位给某种性质迥异的新的体制参与者时,才会让人看得较清。美国模式现在是否正在缓慢地退出历史舞台,我想任何人尚不能肯定。1870—1970年将会是美国大学兴盛和开始衰落的世纪吗?或者,在一段困难时期的短暂停顿以后,它将取得新的力量而升到更高的高度吗?我把这一点仅仅当做一个问题留下来,因为本章并不涉及1963年以来发生了什么或者将来会发生什么,而是涉及我现在希望自己在1963年时如何撰写这些演讲。可是,在本章的开始,我要重申我自己对某些中心主题继续有效的信念。

重申的主题

1963年的主题中的许多,甚至大多数,因介入的事件而更加显著了——有几个相当突出。

一、大学的"新中心地位"现在得到了甚至更加广泛的承认,这不仅是因为,在知识日新的时代里大学增加了知识和扩大了知识的使用,而且也是因为政治与文化变革部分地肇始于大学。最近甚至已经有人说大学是"后工业社会"中的"首要机构"。①

二、现代大学被称为"新型机构"——之所以新,是因为知识取得了新的核心地位——大学内有"一系列群体"而不是像它过去那样的和通常仍被视为的"单一群体"。大学被视为既是社会的中心而且自身内部有着变化。随着近些年来大学内部出现的许多裂变,越发明显的是,大学"对许多不同的人……意味着许多不同的事",所有这些不同的事和所有这些不同的人相互之间都不是充分统一的。在1963年,所谓的"巨型大学"事实上有时已成为局部分崩离析的巴别塔,再也不能宽松地团结在一起了。

三、共识和宽容被看做是保持巨型大学"不稳定的整体平衡"的完整无损的实质。我把它称为一个"自相矛盾的"机构,它只有在"温和派分子"能驾驭局面的时候才能生存得最好。"极端分子"可以很快把局面变成"战争"。因此许多潜在的冲突点可能被开拓出来。

过去10年中,共识和宽容的丧失确实引发了许多校园战争,因为以前那些因尚未破裂的和平历史而被局部地遮掩过去的潜在冲突点

---

① Daniel Bell in *Public Interest*, Fall 1968.

变成了真实的冲突点——学生对教师,人文学者对科学家,年轻教师对年长教师,等等。在1963年平静的表面之下,隐伏着大部分意想不到的紧张。和战之间只有一条狭窄的宽容屏障——把它们相互隔得不远——当宽容没有了以后,尚未破裂的和平就成了断断续续的战争。"脆弱的平衡"的确脆弱。

四、有组织的教师被视为具有"行会心态",其标志是在重要的内部事务上抵制变革,除非慢慢出现了全校一致性。在过去几年中,大学受到许多内外危机的震撼,但是值得注意的是,在那么多校园里由教师控制的以及教师强烈要求控制的领域中,不是变化那么多,而是变化那么少。① 环境变化越多,有组织的教师越保持原状。这一直是近期机构保守主义的一个最大之点,这在历史上一直如此。它视为可贵的东西以及它可以控制的东西,很少被允许改变。

五、1870—1920年被称为校长的时代,当时"巨人们"带头进行引人注目的变革,1920年以来的时期被称为"行政管理者"的时代而不是巨人的时代。从1920—1960年是目标与方法稳定的时期,通常以被教员权力包围着的学术行政管理者的上升为标志的时代。我在1963年的演讲中曾说过,巨人们最可能出现在目标或方法或两者迅速变化的时期。我们现在正在再次进入这样的一个时期,或者现在似乎是如此,因此需要一些新的校长巨人来领导变革。实际上,学术世界中所有成功的重大改革或革命都是通过来自上层——或来自外部——的领导,通过借助于一个埃利奥特或一个拿破仑而得以实现的,并且也可能继续实现。

六、来自外部的联邦影响在1963年就已感觉到了——"联邦拨款大学"已经来临。回顾起来,20世纪60年代的两大新力量是联邦政府和抗议的学生。联邦政府强调科学与研究、机会平等、各种族待遇不偏不倚以及联邦部门的革新作用。过去10年中发生在校园里的许多好事和坏事都可以摆在联邦政府的门口。在美国历史上破天荒地联邦巨人在影响高等教育,这一点让人们日益真切地感受到了,并且在日益成为现实。而这一现实将永不消失。随着联邦援助和影响渗透

---

① Nathan Glazer, *Remembering the Answers* (New York: Basic Books, 1970), p.215.

到所有的高等教育机构而不仅仅只是几个选出的大学,联邦拨款大学正逐渐向联邦拨款学院推进。大学校长和学院院长现在都像他们讨好州首府和工业头头们那样劲头十足地去讨好华盛顿方面。

七、"参与社会生活"已大大发展。校园甚至已被吸引到"市政厅",预言的"潘多拉魔匣"很可能已经打开。如何像长期以来服务农村社区那样来服务城市,现在对许多校园而言,都是一个令人困惑的问题。新的压力集团坚持认为知识真正是"造福每个人的"知识。校园仍然在辩论着参与问题,而社会上的强大因素则坚持这一点。

八、有些当时视为"尚待来临的变化"现在就在我们这里了,往往势头猛烈。"改善对本科生的教学指导"现在在许多校园里是生动的、甚至尖锐的题目。必须创造一个"更为统一的才智世界",这个世界用宽广的眼睛,而不是通过狭窄的专家眼睛看社会,现在,这已成为学生们的迫切要求。"在大学内解决整批政府问题"的需要现已被认可为治理之战。在一个日益平等化的社会里,"如何为卓越留下余地"已成为一个极其紧迫的问题。它所采取的形式不仅是在追求资金与擢升方面较小的研究机构对较大的研究机构的要求——州立学院对大学的要求——也表现为在精英机构内一些师生对于开放式录取、无课程条件、无等级条件的要求。民粹主义者在精英机构大门内外都有,当前关于结果平等的呼声正在取代旧的机会平等的要求。学术改革、治理、对平等的诉求,在短短几年内已经从预期的新事务变成了紧迫的旧事务。

九、学生"刚刚萌芽的造反"现在成了全国的创伤,最近被公众视为第一号或第二号社会问题。在1963年,人们尚在谈论着冷漠的一代、正在毕业的社会运动组织人阶级(classes of organization men)和不受约束的学生。但冷漠很快变成了行动主义,组织人变成了反既有体制者,不受约束者变成了新激进分子。在1963年,学术气候方面这种突变的可能性,即使看到的话也是相当模糊的。然而,当时我注意到,在巨型大学里已经有"轻伤员";有些学生正开始把自己视为"流氓无产者"——或者用更现代的语汇,校园隔离区里的囚徒;有少数学生甚至要把校园变成可以进攻社会的"堡垒"。

我在1963年认为很可能会发生的本科生反对境况日益恶化的"小造反"仅仅在1964年就成了大造反;很快,在教师、行政管理者和学生中间都发现了轻伤员。1963年时在地平线上很少注意到的小块云朵很快成了一连串的旋风。

十、公众的后冲力在1963年已经在积聚之中,甚至在学生造反的巨大前冲力发生以前。当时甚至还关注"标新立异派、青年激进派、欺骗和性"。这些关注后来被一名政治领袖所利用,他以校园内叛逆、毒品和性的耸人听闻的主题进行竞选活动。公众也担心"研究发明会把每个人的生活改变得到底有多远、有多快"。大学正在使它的科学赛车加速,却没有注意到公众正在准备减少汽油供应。这些公众意见在1963年已经塞满了"行政管理者的收信箱"。来信变成了投票,投票变成了行动,快得难以相信;而且不止一个州有了攻击高等教育的州长。

再 思 考

1963年的情况可能说得好一些或不一样或者根本没有说清?我要摆出四点主要的修正,我希望当时会足够明智或谨慎地进行。

一、使用"巨型大学"一词是为了说明我们有一个新现象,一种新的大学。大学的旧名称带有一个具有单一"灵魂"或目标的统一"师生共同体"的意思。然而,有一个新的现实,并且看来一个新词有助于表达这个新现实的形象;有助于说明母校并非一种完整的永恒精神,而是具有一种分裂的且多样的性格;有助于指出一度的共同体现在更像一个环境——更像一个城市,一个"无限多样的城市"。因此就有了"巨型大学"这个词。它本来只是一个描述词,可在某些人的嘴里却成了一个轻蔑的词。

这个词对我并不新。后来我知道它曾经被用在一个中西部大学的一份内部教师报告中,并被康奈尔大学的一位教师使用过。它也曾被 Big Ten 大学联盟(Big Ten Universities)中的两位校长使用[①],还可

[①] "就字眼更老更简单的意义来说,这个机构更是一个'巨型大学',而不是一个'大学'。"见 James Lewis Morrill, *The Ongoing State University* (Minneapolis: University of Minnesota Press, 1960), Preface (n. p.)。爱荷华大学的弗吉尔·汉彻(Virgil Hancher of the University of Iowa),据我所知也用过这个词。

能被别人使用过。因此,这个词已在流传之中,而且有过若干大体同时的作者。

它成了一个容易被误解的词。有些人以为它是"多校园大学"(multi-university),是具有多个校园的机构。多校园的机构也是非常重要的一个新现象——现在所有学院和大学中40%的学生是在多个校园的机构中——虽然多个校园之间有所关联,但是每个校园却处在相当分散的发展状态之中。应当清楚,"巨型大学"首先指的是一种单一校园的现象,因为现代哈佛大学是这种多面体(multifaceted)校园的第一个实例。

我用这个词的意思是现代大学是一种"多元的"机构——在若干意义上的多元:有若干目标而不是一个目标,有若干权力中心而不是一个权力中心,服务于若干群客户而不是一群客户。它不崇敬单一上帝,它不构成单一的、统一的共同体,它没有分别界定的一些客户群。它标志着许多真、善、美的视野,以及达到这些视野的道路;它标志着权力斗争;它标志着服务于许多市场和关注许多公众。它也许可以称为多元大学;或者企业集团式(conglomerate)大学(以企业作类比);或者像一些德国人现在所建造的那样,综合性大学;或者一些其他情况。① 我要做的是以此对比一所目标几乎更加单一的机构,它有着更为一元化的精神、更加坚实一致的领导和单一的客户——不论是较老的牛津大学(它专注于教学,由教师治校,服务于想要成为绅士的人们),还是较老的柏林大学(它专注于研究,由讲座教授治校,服务于新知识),都是这样一类机构。

我希望我当时就读过威廉·詹姆斯关于"大宇宙"(multiverse)的书②。那就会给我一个很好的脚注,可以用在哈佛大学的讲话中,可以帮助我澄清自己的思想。詹姆斯谈的完全是哲学。他是在对比"多元主义"和"一元主义"。

---

① 密歇根大学长期的校长亚历山大·G.鲁思文曾经说"母校"已成为一盘"大杂烩"。见 Alexander G. Ruthven, *Naturalist in Two Worlds* (Ann Arbor: University of Michigan Press, 1963), p.91。

② William James, *A Pluralistic Universe* (New York: Lorgmans, Green, and Co., 1909).

他说,一元观是寻找一个单一的"绝对"。这种"绝对"可以是上帝的圣言(虽然他并未用"绝对"来作为说明),或者马克思的阶级斗争,或者达尔文的适者生存,或者弗洛伊德的婴儿期的性;某种"绝对之物"决定其他所有的事,使思想具有统一性,安置一个各个部分都内在关联、具有有机统一而没有独立部分的群体,并产生一种内在的一致性。詹姆斯指出,这种"绝对之物"可以有效地形成心态上的和平和某种程度的确定性。① "绝对之物"(詹姆斯反对一切"绝对之物")设法界定现在何者为对,何者为错,设法解释过去,设法描述未来。它设法提供肯定的标准来作决策和看清过去和未来的事件。

詹姆斯指出,对比起来,多元观看到在或多或少的恒久的冲突中有若干个力量在发挥作用,看到每件事物都在"不断变化",看到一种不可预测性的状况。据说个人有更多的自由意志,组织内部与组织之间有更多的机能障碍。詹姆斯说,整体中的部分"可能是在外部关联的"而不是仅仅内部关联的。因此詹姆斯谈到,"大宇宙"是一种"每部分同它最近邻居结合在一起"以及"每部分和每个其他部分有某种可能的或协调的联系"的情况。因此有一种"伴随型"的统一或"靠近"而不是各部分直接拴联的一个中心"绝对之物"。"没有东西包罗一切或主宰一切。"②

这也可以作为对巨型大学的一种好描述,有一种伴随型统一,不专注于任何单一的信念,不集中于任何单一的功能,最佳状况是内聚③,次佳是共存,最低是靠近(近年来在内部压力下,有些校园已经从构成成分的内聚状况走向共存状况,或者从共处走向仅仅是靠近)。巨型大学可以像詹姆斯类比大宇宙那样比拟为一个"联邦共和国"而不是"王国",一个联邦共和国的注意力就瞩目于"每个形态"本身,而不是仅仅瞩目于"所有的形态"聚在一起。④

巨型大学像大宇宙一样有弱点:忠诚并不能轻易地获得,冲突并

---

① James, p. 114.
② James, pp. 321, 325.
③ 詹姆斯·A. 珀金斯定下了"内聚力"的一个较高目标,指大学的所有活动都在为各自的使命而增进能力。见 James A. Perkins, *The University in Transition* (Princeton: Princeton University Press, 1966), p. 49。一个更高的目标可能是和谐与统一意义上的协调。
④ James, pp. 321–322, 324.

不能按照绝对原则如此容易地被解决,限制力量延伸的界线更是难以界定。对照来看,一元化大学可以更精确地考验忠诚,可以更有原则地解决争议,可以更容易地限制其功能。但是它们在一个有活力的世界里更趋于静态,在一个呼唤理解和容纳多样化的世界里更趋于不容忍,更对非正统的人与思想封闭,在理解总体现实上更为局限。

就大学是新思想的生存力以及批判现状的生存力而言,它们更可能在"绝对"面对"绝对"、正题遭遇反题、一种文化较量另一种文化的地方完成这一作用,就像生物的生成往往发生在一种生态环境覆盖另一种生态环境的地方,大海碰上陆地的地方。大学的模式应当更多地根据生产斗争还是根据学说统一,根据不同实体的互动还是根据充分兼容的各部分的整合?巨型大学更多地根据斗争与互动,一元化大学更多地根据统一和整合。一元化大学更像柏拉图的等级制共和国,巨型大学更近似于亚里士多德所寻求的中庸之道。古代对封闭社会还是开放社会的争议、对僵硬目标与等级还是不断适应与调整的争议已经以许多种形式进行了很长时期,因此巨型大学里原则性强的敌人与顽强抵抗的实用主义支持者之间的争议也会这样。

巨型大学不是一种事物,而是连续统一体上的许多事物。J. 道格拉斯·布朗设法把"综合性大学"(the liberal university)定为一种不同类型的思想[①],像普林斯顿大学更多强调教学和培养学生为"通才"而较少强调专业学院和公共服务,它的群体意识依赖于小规模的当地居民。我把普林斯顿和哈佛之间的区别视为一种程度上的不同——普林斯顿在连续统一体的一端,哈佛在另一端,中间有非常合宜的多种多样。

帮助杜撰一个词同建立一个它所指的机构并不是一回事,虽然有些人似乎混淆了两者。在巨型大学开始的时候,发生了很多事情:专业学院刚刚建立,开始是 1765 年宾夕法尼亚大学的医学院;哈佛大学在 1825 年建立第一批系,杰斐逊大学于 1824 年在弗吉尼亚建立第一批系,它们大多不同于过去单一的系只有单一的课程表的体制;莫里尔赠地法案在 1862 年通过;埃利奥特在 19 世纪 70 年代和 80 年代提

---

① J. Douglas Brown, *The Liberal University* (New York: McGran-Hill Book Co., 1969).

出了选修制;哈珀于 1892 年在芝加哥大学开始了一项进修服务;1900 年初产生了"威斯康星理念";另外,在许多别的时期和别的地方细分了知识,增加了服务,积累了规模。威廉·雷尼·哈珀的芝加哥大学在 19 世纪 90 年代就已经被称为"哈珀的集市"。

如果据说有团体曾促成了巨型大学的成长,那么这个团体就是教师——他们选择越来越狭窄的专门化,强调研究,按爱好、报酬或两者提供服务。巨型大学的精神尤其来自教师的心灵。可是在选择居处时渴望设法住在巨型大学的有些教师也乐于无情地批评它;这既是他们自行选择的家,又是他们蔑视的"高速公路的交叉口"①。但他们寻求这个居处的行动却不符合他们对它如此严厉的谴责。② 他们既从左又从右走到这种似乎矛盾的立场。

二、我但愿没有用"调解者"的字眼来描述校长的角色,或者但愿我把它解释得好一些——并不是因为它不是个好字眼,而是因为它常被误解。对许多人来说,"调解者"显然意味着在双方之间仅仅来回传递信息而不起独立领导作用的人,自身没有主意或原则。我曾经设法提出调解方法的差异:寻求一项当前的"妥协"办法,以及寻找一项长期"有效的"解决办法,我明确地主张后者。但是"调解者"一词对许多人来说意味着无原则的妥协。

我并不否认校长几乎总是部分地属于不论什么类型的调解者。他是这样,而且必须是这样。他的这一角色的表现是巨型大学性质中所固有的。领导任何复杂的组织或社团,允许其成员和团体有很大的发表意见和言论的自由,就涉及要在不同因素中进行调解。正如詹姆斯指出的,在"伴随因素"之间有着调解的联系,而校长就是这些联系的主要调解者。③ 他必须比其他任何人更多地把一个团体的情况向另

---

① Edgar Z. Friedenberg, "L. A. of the Intellect," *New York Review of Books* 1∶6 (November 14, 1963), p. 12.
② 因此,洛杉矶加州大学和伦敦大学(其中最巨型的大学)的教授们可以谈论"克拉克·克尔的怪物"。James M. Buchanan and Nicos E. Devletoglou, *Academia in Anarchy*∶*An Economic Diagnosis* (New York∶Basic Books, 1970), p. 177.
③ 他也写道,"妥协与调解都与多元主义哲学不可分"。William James, *A Pluralistic Universe*, p. 313. 在 *Pragmatism, A New Name for Some Old Ways of Thinking* (New York∶Longmans, Green, and Co., 1907)第 40 页中,詹姆斯谈约"调解思想方法"。

一团体说明,定下冲突的限度,裁判争议,制定出可以接受的解决办法。这是极其重要和十分困难的任务。这是领导最大的功能之一。

但我希望我使用具有不同公众内涵的不同字眼:政治领导人、社群领导人、校园政治家、统一者或维和人、主要劝说者、危机处理者或整合代表——总之不用调解者。语意应说明积极领导,说明政治家式的解决办法,说明把校园团结起来反对内外攻击,说明维护和平反对破坏,说明用思想和原则来加强联系,说明依靠劝说而不是依靠暴力,说明寻求同意而不是靠命令治理,说明在辩论中维护理性、在人际关系中维护礼仪、在行动中维护明智,说明把不调和的因素拉到一起成为有成效的统一体。我希望我能更好地使用曾经使用过的一个替代性词语——"会议书记员",他在联谊会里既诱导"会议精神"又对此作出贡献。

对调解人一词的反应使我吃惊,部分地由于我对有效的调解人极为看重,例如在耶鲁、安阿伯*、伯克利的领导人过去几年中所做的那样——他们对责任重大和极其复杂的情况制定出解决办法,他们能在许多人主张关闭的地方保持开放和进步。有人必须在一个复杂校园的许多矛盾观点中寻求让步,必须找到可行的妥协;否则校园会成为一边是不可调和、无法谈判的要求而另一边是固定不变的抵制;否则主动权会留在狂热改革派和狂热保持现状派的手中——都是不妥协的两个极端的拥护者。

但是我还因人们对"调解人"一词的反应而感到吃惊,因为我谈到过"调解—创始人",强调校长作为进步创始人的作用,并说"进步比和平对一个大学更为重要"。我也谈到校长为争取"自由与质量"而扮演着"斗士"的角色。但是在这三个领导角色(调解人、创始人、斗士)中,被人记得最多的是第一个,并且它还含有妥协者的定义。

我说过,"进步比和平更重要"。我也应指出,短期的正确进步有助于长期的和平,即使进步在短期内因引起争议而可能扰乱和平。

我应该接着说校长的第四个角色。这就是形象制造者的角色,即

---

* 安阿伯(Ann Arbor)是美国密歇根州的一个城市,也是密歇根大学的所在地。——译者注

创造机构的有利形象,创造他自己作为该机构公众象征的形象。在现代社会里,随着面对面关系被中介形象大量取代,形象变得重要起来。对于一个有着广泛公众的大机构来说,这尤其正确。因此,为了机构的持续和改善,校长必须关心他自己的形象和他的机构的形象(两者是密切相关的)。校长现在为什么必须关心他作为形象塑造者的角色的其他原因是,那些激进学生和教授中批评校长的人们通过他们的衣着、讲话、发型以及通过电视与报纸头条突出自己而成功地塑造了自己的形象;一些反动右翼的政治领导人也通过他们夸张和简单的口号而获得了这样的成功。因此,一个校长的战斗贝雷帽是形象塑造者对他形象塑造反对者高举拳头的回答。要反对一个形象就要拿出另一个更有效的形象,但不一定是贝雷帽。

但是这种角色有危险,其他三个角色的每一个也是这样。追求形象会导向不适当地关心自己在公众面前的声誉而不是个人的真实情况——关心事物外貌而不是事物本身,关心短期表现而不是长期效果,关心校长出于保全自己的需要而制定出的一项胆小懦弱的政策而不是关心他的机构。每个角色都有其危险,每个角色都面对其他角色:对和平的要求会阻碍接受进步的努力,对不间断的进步的兴趣会约束短期内进行争取自由与质量的斗争,反对内外反抗的斗争会毁坏悉心建立的普遍接受与认可的形象。这是一系列难以同时完成的困难作用。而许多校长在大部分时间里实际上愿意"主要当一名调解人"①。

三、为了一些读者,我本应在 1963 年序言中以大字号写下这句话:"分析不应混同于赞成或辩解性的描述。"我主要关心分析与描述,而不是赞成与辩解。

可是有赞成的意思。我的确提到这种观点的"总的说来比较乐观的调子",并提到巨型大学"在寻求新知识"和"服务于前进中的文明的那么多部分"方面是多么"一贯地卓有成效"。

然而更多提到的是"问题"和"变化";还有一些批评性评论:谈到

---

① 鲁思文谈到他在密歇根大学担任校长期间完成了"调解人的作用",而且必须"不断处在水深火热之中"。他说,校长"坚定地站在或应当站在教职员工和校董之间,在各学院院长之间"。Ruthven, p. 35.

大学如何"被它的环境安排者牵着鼻子走",以及它如何需要"看清自己是否有脑子和身躯"。我认为这是用生硬的语言说大学最好看清楚它真正在追随什么专业。

但是有些人把分析当做赞成,把描述当做辩解,并认为或声称,每所巨型大学的每项行动都在这些讲话中得到赞同和辩解了。因此我了解有些自称为学者的人可以多么容易地把一个描述性的"是"变成一个命令式的"应当",然后去攻击虚无的"应当"。

奇怪的是,这种观点有时从开始赞同我对巨型大学的批评很快转变为声称我是代表军事—工业复合体来创建巨型大学的,说它应当马上急刹车。例如,在伯克利,SLATE*——言论自由运动的前身——在 1964 年 9 月散发的《SLATE 副刊》中说,"我们非常同意"在《大学之用》中对忽视本科生所作的批评;我的批评被 SLATE 提出的论点作为有力的证据。但同样是这些学生中的一些人不久后甚至更加语气强硬地声称,他们不同意这本书,理由是,它为恶毒的巨型大学的一切方面作辩解。从被摘引为一位受尊敬的批评者变成被谴责为一名受人控告的辩护士,这是相当突兀的。只要符合他们的目的,同样的人们会从一个立场跳到另一个立场,而且不仅是学生这样做。在外部因素干预下,态度很快从同意转到谴责。

我也发现,尽量明确和坦率地描述一个争议性的机构的内在性质,是多么危险。虽然描述不是辩解,可是它也是危险的。有人怀抱珍爱的幻想和舒适的神话可以活得最为愉快,当现实的镜子摆到他们面前就赶忙撤退。① 特别是,一年四季自命为激进派的教授不喜欢公开提到他对自己系里事务的非常真实的保守主义。一种反应就是把镜子砸了。

更加小心谨慎能减少被曲解的机会吗?我摘引亚伯拉罕·弗莱克斯纳的观点——大学已成为"服务站",并且我指出,他并不同意"服

---

* 根据 SLATE 档案网站,SLATE 为 20 世纪 50 年代末 60 年代初伯克利加利福尼亚大学新左翼及学生运动的第一个学生政治组织,SLATE 一词并无全称。——译者注

① 克里斯托弗·詹克斯与戴维·里斯曼谈到《大学之用》是一部"饱受诽谤但洞察出色的研究",说一些教师"对摆到他们面前的镜子……反应大骇"。Christopher Jencks and David Riesman, *The Academic Revolution* (New York: Doubleday and Co., 1968), p. 17.

务"活动。有人把这变成我说大学是"服务站",说我同意这一事实。我曾摘引普林斯顿的弗里茨·马克卢普关于"知识产业"的存在。这话然后成了我说的,然后"产业"变成了"工厂",然后把"知识"一词删了,于是马克卢普对"知识产业"的事实描述成了我断言要把大学变成"工厂"。这样滥用我对弗莱克斯纳和马克卢普的摘引只是两个更粗陋的曲解。但是当有些评论家进行政治评论而不是学术评论时,犹如政治审讯对抗法律审讯,这种情况是可以预见的。①

四、我希望我原先打算的那样写第四章。作为大学校长的重任使这件事很难做到,而担任那年春天肯尼迪总统为一宗重大的全国铁路争端而委任的一个顾问委员会的工作使这件事不可能做到。

那一章是要概略地讨论学术改革,特别要讨论加利福尼亚大学很快开张的一些新校园要采取的改革——1964年的圣迭戈和1965年的厄湾和圣克鲁斯。② 这些校园中有两个是在一组学院的基础之上(圣迭戈和圣克鲁斯)组织起来的,一个计划试行及格/不及格评分制(圣克鲁斯),另一个计划试验不设必修课而让每个学生选择自己的课程计划(厄湾),一个希望弥合C.P.斯诺的两大世界(圣迭戈),一个在寻找联系知识的新方法而不是根据标准的学科系(disciplinary departments)而把它分配出去(厄湾);此外还有一些其他的新方针。

这些是当时美国最有试验性的大学校园。它们每一个的计划开始于1958年。计划的性质本身说明当时存在的巨型大学并不完美无缺,是要经受变动和可能的改善的。在这些新校园里,1958年就已经在寻求对一些问题的解决办法,这些问题从1964年秋季开始大为突出起来。

我曾经希望在这未写的一章里说明一些正在出现的问题可以如何解决,一些必需的变革可以如何最好地奏效。这一任务推迟到稍后的时期,后来在另外的场合进行。如果阙如的第四章在1963年加进

---

① 这种"政治"评论,见谢尔登·沃林与约翰·沙尔,"伯克利与巨型大学的命运",载《纽约书评》。也见我的答复,"论伯克利与巨型大学",载 Sheldon Wolin and John Schaar, "Berkeley and the Fate of the Multiversity" (*The New York Review of Books*, March 11, 1965). Clark Kerr, "On Berkeley and the Multiversity" (*The New York Review of Books*, April 8, 1965).

② 计划的这一章的部分内容后来以有所不同的形式发表为"走向更加完美的大学",载于 "Toward the More Perfect University", in *The University in America*, Center for the Study of Democratic Institutions, proceedings of a conference held in Los Angeles in June 1966.

去,如果更多地关注大学在服务于校内学生福利和全世界人类福利方面发挥正确的效用,如果最后部分讨论到大学与永恒的乌托邦追求之间的关系,那么这些演讲本可以更加完整和取得更好的平衡。

第五章　试图改革的失败

自从这些演讲在1963年初春乃至1972年撰写后记以来,在高等教育和美国方面又发生了许多事情。高等教育方面:学生造反,平权运动*与贝克案件**,大量增加学生助学金的1972年高等教育修正案,普及高等教育代替早先的大量招生,劳工市场转而反对大学毕业生,中产阶级父母的享乐主义增加了因而导致学生中中产阶级子女的"小我主义"的增加,人口衰退的最初影响,等等。美国方面:越南战争失败,水门事件,石油危机,被石油输出国组织推着走,一连串的衰退,干预伊朗失败,冷战再起,富裕增加到遍及天边的美国梦黯然失色,里根经济学,等等。但这篇后记的中心思想——美国研究型大学依然如故。1982年的哈佛同1963年的哈佛没有多大不同,1982年的伯克利同1963年的伯克利也没有多大不同。高等教育中其余的大部分已有很大变化,但不是研究型大学,部分地由于这一点,我将在下面谈及。

如果稍稍看一下历史的长期趋势,这种缓慢的变化应不会那么全然令人惊奇。赫拉克利特说过,"除变化外,任何事物不会持久"。大学,可以这样说:"其他事物都变化,但大学大部分持久"——特别在

---

* affirmative action 平权运动,亦译"肯定行动"或"赞助性行动",指采取积极行动抵制歧视少数民族、妇女、老人等弱势群体,不同于仅仅反对种族歧视的政策声明。——译者注

** Bakke Case 贝克案件,指1978年美国最高法院的一项裁决:戴维斯加利福尼亚大学医学院因采取"平权运动"而侵犯了男性白人的入学权利,但该校在选择入学新生时仍然可以考虑种族因素。——译者注

美国。西方世界在1520年建立的机构中大约85所仍然存在着,有可以辨认的形式,有类似的功能,有不间断的历史,这其中就包括天主教(教会)、马恩岛的议会、冰岛的议会和英国的议会、瑞士的一些州,以及70所大学。统治民众的国王、有陪臣的封建贵族、有垄断权的行会都一去不复返了。但是这70所大学仍在原地,有一些原有的建筑物,教授和学生做着大部分原样的事,大多以原样方式进行治理。确实,对这些古老主题有过许多干扰的变化,但是教学、学术、服务的永恒主题仍以这种和那种组合继续着。从内部看,大学所强调的若干功能和指导精神已然发生了巨大的变化,但是从外部看和比较地看,大学是各种机构中变化最少的。

怎么会这样呢?大学仍然产生实质上同样的产品——更加古老的专业:神学、教育、医学、法学的人员和学术。大学并未受制于任何主要的技术变革,像工业、农业和交通那样。教师继续像个体手工业者那样劳作。大学像教会那样,在传统上都对政治的和经济的控制具有一定程度的自主性。这种相当显著的自主性,部分地是因为在几乎所有时期,在各种类型的社会,它们得到了上层阶级——无论他们是如何构成的——的保护。它们偶尔通过其内部进行的活动促成了世界的改变,但它们自身改变得比世界其余部分要少得多。

在过去20年中,大学的"一切属性都是永恒的"这一总规律(正如斯宾诺莎说到上帝那样)对美国的大学同样有效。这些年来有造反有危机,但美国的大学在经历了这些以后仍和当初一样。我在这里谈到的是美国的大约100所"研究型大学",那是卡耐基分类中界定的,并且尤其要谈到的是,其中有一半被定为一类研究型大学。① 有待说明

---

① Carnegie Council on Policy Studies in Higher Education, *A classification of Institutions of Higher Education*, revised edition(Berkeley: Carnegie Council, 1976)。
文理学院(卡耐基分类中的文理学科一类)中最有选择力的那些也相对没有什么变化。它们也没有被学生冲垮,有着实质性的机构自主权,处在坚强的教师控制之下,得到很多财政资助并可根据自身意愿自由使用。比较有选择力的一些文理学院(文理学科二类)为求生存而变化很大。其他机构(大多数是博士学位授予大学、州立学院与大学,以及社区学院)处在中间状态,它们的生存没有受到威胁,但必须吸收更多的学生,对州与地方控制较少自主权,它们的有组织的教师所掌握的权威较少,对当前的学生市场依赖较大,有更大的责任要满足许多新专业、小专业、新职业、小职业的需求。对比起来,研究型大学更多地处在教师行会控制之下,更多地与较少变化的旧功能和精英功能相联系,较少受到新职业和新学生客户的影响。

的现象,并不是大约 1960 年以来发生在大学的那些变化,而是没有发生的那些变化,我马上就要谈到这个问题。缺乏变化的一些说明如下:

一、研究型大学是高等教育松散体系的一部分。从大量招生向普及高等教育的巨大转变是由社区学院和综合性的学院及大学所吸收的,而不是由研究型大学,特别不是由一类研究型大学所吸收的。仅公立社区学院从 1960—1980 年间的总录取名额增加了 10 倍,由 40 万增加到 400 万,占各类学校录取名额从 11% 增加到 35%,而研究型大学占各类学校录取名额,则从 20% 下降到 10% 以下。这和例如意大利的情况正相反,那里的大量新录取名额都归到旧有的那些大学。美国的精英机构仍然是精英,有些在录取标准上变得更为精英。体系的其余部分吸收了这一巨大历史发展的冲击。在这样做的过程中,体系的其余部分也容纳了所有那些会冲淡大学的新的次要专业和次要职业。特别是,一度的师范学院变成了综合性的学院和大学,增加了一批以就业为取向的课程项目。社区学院和综合性的学院与大学急切地吸收了普及高等教育的冲击。

二、研究型大学主要是相互独立的,各自进行自身的调整。例如,在学生造反时,它们中有一些比其他对学生作了更多的让步,但每一个都是用自身的方式作出让步的。与此相对的是在法国、德国、荷兰、瑞典等地进行的有关大学治理的全面法案。美国大学还一个一个地、不声不响地收回了它们的让步。这在执行了法案的欧洲是不大可能的。

三、研究型大学有许多资助来源——联邦的、州的、私人的;而联邦的和私人的资助本身是相当不一样的。一种资助来源的下降可能会,并且往往会被另一种资助来源的上升抵消。相反,英国的大学在教育与科学部以及大学拨款委员会之下主要依靠单一的资助来源,当灾难来临时,就没有其他回旋余地,例如,20 世纪 80 年代初期发生的情况就是如此。

四、几乎不管发生其他什么事,社会需要最高的技能和最好的新知识,而在美国,研究型大学是两者的主要来源。而越来越高的奖金会支付出来以购买最高的技能和最好的新知识。研究型大学的作用就越来越重要。

五、教师掌握了实质的控制权,他们对自身事务是最最保守的,当他们自身事务进行得不太好时就尤其如此。

然而,大学也有一些变化。

一、许多大学有所扩大——有些扩得相当大,包括俄亥俄州立大学、密歇根大学、密歇根州立大学和明尼苏达大学。

二、不同类别的研究型大学的构成在1963—1979年间有了一些改变,但不是太大(见表1)。例如,4所新大学(圣迭戈加州大学、旧金山加州大学、宾夕法尼亚州立大学与华盛顿大学)进入了20家顶级联邦学术科学基金接受者的名单,4所大学(纽约大学、俄亥俄州立大学、罗切斯特大学、得克萨斯大学)至少暂时退出了这一名单;但其他16所大学在1950年就已经是研究活动中的领头羊了,并且它们中大多数在1920年时就是如此。美国大学联合会(建立于1900年)最初14名成员中的12名现在处在上述20家顶级大学之列。一旦确立了声誉,一旦贯彻了一套政策和学术标准,一旦具有自豪感,它们都会长久保持。但是到2000年时,在20家顶级中,肯定在50家顶级和100家顶级中,会有一些变化。不同的地理位置将是变化的原因之一,因为不同的地理位置会导致新生录取的增加或减少,这又带来对老项目进行新努

表1　定为研究型大学的机构,1963—1965年与1976年

机构	1963—1965年	1976年
亚拉巴马大学	X	
亚利桑那大学	X	X
阿肯色大学	X	X
奥本大学		X
波士顿大学	X	X
布兰迪斯大学		X
布朗大学	X	X
加利福尼亚理工学院	X	X
伯克利加利福尼亚大学	X	X
戴维斯加利福尼亚大学	X	X
厄湾加利福尼亚大学		X
洛杉矶加利福尼亚大学	X	X
圣迭戈加利福尼亚大学	X	X

(续)

机构	1963—1965 年	1976 年
卡耐基-梅隆大学	X	X
凯斯-威斯顿预备役大学	X	X
美国天主教大学	X	X
芝加哥大学	X	X
辛辛那提大学	X	X
克莱尔蒙特大学中心与克莱尔蒙特研究生院		X
科罗拉多州立大学	X	X
博尔德科罗拉多大学	X	X
哥伦比亚大学	X	X
康涅狄格大学		X
康奈尔大学	X	X
丹佛大学	X	
杜克大学	X	X
埃默里大学	X	
佛罗里达州立大学	X	X
佛罗里达大学	X	X
福德姆大学	X	X
乔治·华盛顿大学	X	X
乔治敦大学	X	
佐治亚理工学院		X
佐治亚大学	X	X
哈佛大学	X	X
马诺阿夏威夷大学		X
霍华德大学		X
厄巴纳伊利诺伊大学	X	X
布卢明顿印第安纳州立大学	X	X
爱荷华州立科技大学	X	X
爱荷华大学	X	X
约翰·霍普金斯大学	X	X
堪萨斯农业与应用科学州立大学	X	X
堪萨斯大学	X	X
肯塔基大学	X	X
路易斯安那州立大学与巴吞鲁日A&M学院	X	X
学院公园马里兰大学	X	X
麻省理工学院	X	X

（续）

机构	1963—1965 年	1976 年
阿默斯特马塞诸塞大学		X
迈阿密大学		X
密歇根州立大学	X	X
安阿伯密歇根大学	X	X
明尼阿波利斯-圣保罗明尼阿波利斯大学	X	X
密西西比州立大学		X
哥伦比亚密苏里大学	X	
内布拉斯卡大学	X	X
新墨西哥大学	X	X
纽约市立大学研究生院与大学中心		X
纽约大学	X	X
布法罗纽约州立大学	X	X
斯托尼布卢克纽约州立大学		X
罗利北卡罗来纳州立大学	X	X
教堂山北卡罗纳大学	X	X
西北大学	X	
圣母大学	X	
俄亥俄州立大学	X	X
俄克拉荷马州立大学	X	X
俄克拉荷马大学	X	
俄勒冈州立大学		X
俄勒冈大学	X	X
宾夕法尼亚州立大学	X	X
宾夕法尼亚大学	X	X
匹兹堡大学	X	X
布鲁克林工艺学院	X	
普林斯顿大学	X	X
普渡大学	X	X
伦塞勒工艺学院	X	
赖斯大学	X	
罗切斯特大学	X	X
洛克菲勒大学		X
拉特格斯州立大学	X	X
圣路易斯大学		X
南加利福尼亚大学	X	X

(续)

机构	1963—1965 年	1976 年
斯坦福大学	X	X
西拉丘斯大学	X	X
坦普尔大学	X	X
诺克斯维尔田纳西大学	X	X
得克萨斯 A&M 大学	X	X
奥斯丁得克萨斯大学	X	X
塔夫茨大学		X
路易斯安纳图兰大学	X	X
犹他州立大学		X
犹他大学	X	X
范德比尔特大学	X	X
佛蒙特大学与州立农业学院		X
弗吉尼亚工艺学院与州立大学		X
弗吉尼亚大学	X	X
华盛顿州立大学	X	X
华盛顿大学	X	X
华盛顿的大学	X	X
韦恩州立大学	X	X
西弗吉尼亚大学		X
麦迪逊威斯康星大学	X	X
耶鲁大学	X	X
耶希瓦大学	X	X

资料来源:1976 年资料根据高等教育政策研究卡耐基理事会《高等教育机构分类,修订版》[Carnegie Council on Policy Studies in Higher Education, A Classification of Institutions of Higher Education, Revised Edition(Berkeley, Calif, 1976)]1963—1965 年资料,定为研究型大学的机构是根据卡耐基理事会 1976 年分类的标准。

力和新改进的更多机会或者失去这些机会。变化的另一个原因在于,各个机构在学术项目上将不同程度地作出困难的变革,它们要么扬长避短,要么只是全面出击,而这是比较容易做到的。第三个原因在于,这些研究型大学的专业学院具有相对优势,除了工程学院以外,这些专业学院通常是私立机构中最强的,因为这些专业领域继续取得相对重要性。尤其值得一提的是,如果加以坚强而明智的学术领导,在南部和山区各州可以出现一些新的卓越高峰,而现在那里是很少有卓越高峰的。在 1963—1979 年间,一类研究型大学名单中所有的新加机构(总共 5 所)都在南部和西部。

三、学术科学的联邦研究经费在全国范围内得到了更平均的分布。当《大学之用》开始撰写时,20所顶级大学("主要的联邦拨款大学")接受了50%的学术科学联邦经费,而今天这数字为40%。现在30所顶级大学得到50%,40所顶级大学得到60%。这是相当合理的,因为学术能力已扩展到更多的机构。其他大约40%或50%的联邦学术科学经费如何花费倒是比较麻烦,因为现在这要分配给900多个机构,而1963年时则分配给不到800个机构,并且分配时常常有政治原因。只要还有足够的资金运转,学术界对此是不会有怨言的,而且,这样广泛的分配尽管结果很浪费,但事实上也是为了从政治上保护对大约40所顶级机构的资助。如我早先所担心的,重点已逐渐从"卓越"转向"平衡"。这种转变还会继续发生。

四、1963年的博士人数不足已变为1982年的过剩。新博士来自一类研究型大学已从75%极大地改变为50%。

五、专业领域在录取中已相对地增多,特别是工程、企业管理和医科,而"学术"领域则相应地下降。这意味着,除了许多其他因素,大学的学生与教师在政治上变得更为保守。

六、学生中妇女与少数民族的比例在上升。但这一些都不是基本的改变。

试图作基本改变——但失败了

学术改革 每所美国研究型大学在20世纪60年代和70年代都参与了一次或更多次学术改革,它们中大多数参与了许多。大多数文理学院和大多数综合性学院与大学也是这样,但社区学院的参与次数就少多了。我在这里使用"学术改革"一词,谈到的是"由内部意愿发起的学术性结构变化"[①]。

[①] 我小心谨慎地选择字眼。我说"意愿"指的是由学校事先计划好的,对比于为了回应政治或市场压力而进行的调整;也指要求高于教师个人或个别系科的学校行动。我说"内部发起的"以对比由外部强加或施予影响的变革。我说"学术性"以指明有影响力的指导。我说"结构的"意味着以不同的方式行事,它并不包括课程内容的改变,那是一直在进行的。我说"变化",作为一个比改革更为中性的字眼,其含义是它在一些方面优于它所取代的东西。

美国高等教育学术变化的两大时期是:(1)在南北战争以后,有了赠地运动以及埃利奥特在哈佛、怀特在康奈尔、吉尔曼在约翰·霍普金斯等的现代化努力,以及(2)在20世纪60年代。其间有过一些变革的小努力,主要旨在回复到"通识教育",如同洛厄尔在哈佛所进行的那种。19世纪70年代和20世纪60年代至少有两件事是共同的:录取名额大增而使增加新教员和新项目容易得多,全国的努力一浪推一浪地前进,高等教育可以参与其间。

19世纪70年代的全国性努力是迅速进行工业化以及在整个美国大陆进行拓殖,后者意味着在新地区发展农作物。高等教育成了科学技术、工程师和农场人员的来源,这些专业的发展势头大大超过了早年古典教育的历史性专业如师范、医学、法律和牧师。20世纪60年代的全国性努力是在苏联人造地球卫星上天以后推进科学技术,并提供更多的平等机会给低收入人群、少数民族和妇女。高等教育加强了它对科学与技术的已有强调(这没有什么变化),在整个体系内从高等教育大量招生发展到普及性招生,使若干专业领域向妇女和少数民族开放。19世纪70年代和20世纪60年代的全国性努力总体上都是成功的,在20世纪60年代提供更多平等机会方面则少有起色。在这两个时期中,高等教育都起了建设性的作用。

伴随这些前进运动的内部学术性变革在南北战争后一般是有效的,但在20世纪60年代却一般没有成效。我很沉痛地谈过后者的情况。① 我寄很大希望于受学术启发的变革并积极参与推动它们,特别作为加利福尼亚大学校长在创建圣克鲁斯校区方面(关于这一点,杰拉尔德·格兰特和戴维·里斯曼曾写道,"没有一所大学……曾经在本科生的学术、社会与美学经验的形式方面取得更加生机勃勃的多元

---

① 我对当时试图进行的若干变革颇有兴趣。我特别关注在研究型大学中更多关注本科生,创造更强的学术共同体意识,减少学术世界中的宗派主义,为不同学生增加更多的选择可能。此外,我觉得试验给学术努力带来了生气和动力;它产生能量并激发起热情——例如在工业中的霍索恩试验作为对旧的行事方式的一种制衡;使一些师生解除了挫折感和无能感。然而我反对降低学术质量的变革(诸如工作经验的学分),反对那些否认认知学习(诸如强调情感、感知觉经验)的价值的变革,反对那些会导致过早专门化的职业主义的变革。

主义"①)以及作为卡耐基委员会和后来的高等教育卡耐基理事会主席提出许多学术变革的建议,特别是在一篇题为"更短时间,更多选择"的报告中。② 我也看到了伯克利加州大学塔斯曼与草莓学院试验的失败,以及作为斯沃斯莫尔学院董事会的成员看到该学院维持和恢复优等生项目的部分有效努力——这是弗兰克·艾德洛特在20世纪20年代的伟大创新。我不知道表明20世纪60年代有意愿的学术变革成功率的清单③,但我判断大约有90%中断了或者削弱了,以致创始人都很失望;但当时这些变革的创始人在流行的环境下往往期望过多。

为什么会这样呢?教师对自身事务的过分保守肯定是一个原因。任何学术团体在作决定时依靠共识和依靠老教师意见的倾向助长了这一点。而且,寻求学术创新的教师得不到奖励而只有长期、拖拉、往往令人失望的咨询的负担。事实上,大多数学术改革是学生倡议的,他们的行动是出名地反复无常,这部分地由于他们变动迅速而且喜爱追求当前时尚;学术改革也常是行政管理者倡议的,除了在新校园的新活动以外,他们通常是被常规和被教师委员会限制积极参与学术事务的。而且,适应于过去几十年甚至几世纪的情况很可能已找到经过测试的、正确的和最佳的行事方法。更根本地说,往往没有什么最佳方法,只有不同方法。④ 六七种方法可能同样有效或无效,所以对变革并没有强有力的论点。大的研究型大学尤其不受结构变革的干扰。

---

① Gerald Grant and David Riesman, *The Perpetual Dream: Reform and Experiment in the American College* (Chicago: University of Chicago Press, 1978), p. 296.

② Carnegie Commission on Higher Education, *Less Time, More Options* (New York: McGraw-Hill, 1970).

③ Ann Heiss, *An Inventory of Academic Innovation and Reform* (Berkeley: Carnegie Commission on Higher Education, 1973)讨论了20世纪60年代末与70年代初采取的革新,但当时太接近于它们的创始而难以估计其生存率。其13项主要课程改革的描述与评价,有半数仍然存在着,见 Arthur Levine, *Handbook on Undergraduate Curriculum* (San Francisco: Jossey-Bass, 1978), chapter 13。莱文选择考虑这些试图变革中的比较恒久的内容。又见 Arthur Levine, *Why Innovation Fails* (Albany: State University of New York Press, 1980).

④ 有一篇回顾教学方法的40年研究的评论得出结论认为,"如果按学生考试成绩来评估,没有一种特定的教学方法可被测定优于其他方法"。Robert Dubin and Thomas C. Taveggia, *The Teaching-Learning Paradox: A Comparative Analysis of College Teaching Methods* (Eugene, Ore.: Center for the Advanced Study of Educational Administration, 1968), p. 31.

但是，我想还有三个原因能说明20世纪60年代试图进行的变革为什么大部分失败了。美国历史上那段时期的许多变革吸引了那些在本性上往往对学术生活和政治生活不满和不抱幻想的师生，他们不愿让任何事情有好结果，特别是别人所尝试的改革。改革被改革的主顾们扼杀了，改革被改革吸引来的大黄蜂叮死了。相反，19世纪70年代的改革吸引了向上升迁的、温顺的农民和移民的子女，而不是20世纪60年代以前建立起来的知识精英成功金字塔的下滑者。

另一个原因是20世纪60年代的变革主要朝着教师们基本上反对的方向。这种变革往往要求在学生身上花更多时间、更多更多时间，以及包罗更广泛的教学内容，例如在综合性课程（integrated programs）中。19世纪70年代的变革走向许多教师（但不是所有教师）喜欢的方式——走向专业课程、系科自治、毕业生工作、学生选课、研究。① 新教师，特别是新科学家是活跃的支持者，虽然老的古典学家始终踢脚、叫骂。

19世纪70年代的变革有一个中心主题——加强专门的知识和技能，加强科学与学术。20世纪60年代试图进行的变革并不趋向于推进知识，而是改善本科生环境，通常采用的是花费教师时间、关注与情感的方式。圣克鲁斯加利福尼亚大学的教师常常抱怨他们的研究时间如何被抽走，他们的情感如何都花费在接触学生上。19世纪70年代的变革解放了教师，20世纪60年代的变革把他们拴在办公室里，拴在他们的本科生上。19世纪70年代的变革把教师从养父养母地位解放出来，而20世纪60年代的变革又把他们奴役起来。20世纪60年代的学生在个人关注上需要养父养母，但在学监实行的非人格化规则上又憎恨养父养母——这种非人格化的形式是19世纪70年代以后开始采取的。

卡耐基委员会主张的最成功的学术变革之一（由它制造并论证其优点的词）是学生可以随时请假的"停下来就走"（stop-out）。"停下来

---

① 对19世纪末学术变革因素的讨论，见 Laurence R. Veysey, *The Emergence of the American University* (Chicago: University of Chicago Press, 1965)。

就走"对注册主管人和舍监很麻烦,但对教师不麻烦。20世纪60年代的学术变革源于学生闲谈之中以及常倾听学生的行政管理者的心中;但是这些变革消亡在教师俱乐部内。麻省理工学院的改革是一个例外,它使本科生教师一起参与研究项目。这一改革由教师发起并与教师利益一致。

19世纪70年代和20世纪之间差异的第三个原因是,19世纪80年代的国家推动力要求基本的学术变革,特别是建立以研究和职业培训为重点的现代大学。但20世纪60年代的国家推动力可以在已有结构内加以容纳;它们不需要基本变革。此外,作为变革的最大代表的校长在19世纪70年代时比20世纪60年代时的权力大得多,而教师的权力则小得多。

20世纪60年代的有些变革不是基于学术的而是基于政治的考虑,而且是在学生压力下被迫实施的,这些变革有诸如黑人研究、土著美洲人研究和拉美裔美国人研究等项目。教师们一般从不喜欢这些项目,事实上也几乎没有容忍它们。它们在学生活跃的激情之中诞生,现在在教师委员会的沉闷环境中已大部分凋零,或至少已憔悴。

我在这一节里提出"由内部意愿发起的学术性结构变化"这个词,指的是试图进行的改革运动是一团火焰,一时燃得很亮,然后闪烁着熄灭了,只有很少人痛惜它的消亡。我把自己列为这很少人之一。但是出现了大规模的学术变革,它们源于与教育政策的考量无关的市场化处境,并且这些"大众改革"成功了,而"有目的的"改革则失败了。① 这些变革包含从博雅课程基本转变为职业课程(from liberal to vocational studies)②,在职业课程中则从一个领域转变到另一个领域——例如,工程学对学生的吸引力就像上上下下的"悠悠球"。企业管理和护理专业是大赢家。按领域逐个评估的教学活动组成在20年中至少已改变了1/3。这是一场革命,它主要涉及教师教的、学生学的、图书馆馆员买的、系科重要性的消长、建造哪些种类的教室与实

---

① Gerald Grant and David Riesman, *The Perpetual Dream*, pp. 15–18.
② 通识教育下降的原因,既是由于学生市场的变化,又是由于"通识教育"课教师的不关心或反对。教师坚持着要关心大多数人,但这只是在口头上,而不是在"通识教育"的现实上。

验室、它们设在校园的什么地方等内容。在美国高等教育中,由市场影响的变革被接受了,而针对教育政策发起的改革则不被接受。美国大学的合适象征可能是传统上一本翻开的书,但放在一台卖货秤上。①

在 20 世纪 60 年代和 70 年代的黄金时期,由于增长,是对学术理想主义的比较有利的时期;当时本可以进行一些基本的改善,但机会大部分都丧失了。

大学重构成为社会改革的直接因素　整个美国历史上的学院和大学都被看做是社会改革的工具。哈佛建立起来部分地是要"推进学术并使它永久繁荣;当现在的牧师躺在地下时,不要为教会留下文盲的牧师"。② 在 20 世纪 60 年代和 70 年代,有过两次主要的努力,特意使用大学来改革社会。

用大学来改革社会的努力之一是联邦政府增加机会平等。部分的做法是,根据大学生的相对支付能力来向他们提供拨款,并迫使学院和大学改变政策以接纳更多的少数民族和妇女作为教师。结果,更多的少数民族和妇女进入了高等教育学府,但他们大多数来自高收入人群。增加低收入人群入学率的进展则很少(见表2)。改变政策、措施和优惠以便在性别和种族基础上区别对待,要比在收入群体基础上分别对待更为容易。入学兴许会更有可能,但是入学的选择仍然是自愿的,而且学术能力与兴趣并没有平均分布在各收入群体内。③

---

① 亚伯拉罕·弗莱克斯纳曾写道,美国大学"轻率而过分地迎合短暂、易逝和当前的要求",见 Abraham Flexner, *Universities*: *American*, *English and German* (New York: Oxford University Press, 1930, 1968), p.44. 这是他的核心意见。但我把当前形势视为事实,而且比起其他决策系统,我有支持它的强有力的证据。

② "New England's First Fruits, 1643", in Richard Hofstadter and Wilson Smith, eds., *American Higher Education*: *A Documentary History* (Chicago: University of Chicago Press, 1961), I, 6.

③ 关于讨论 4 个发达国家中能力与社会经济地位对录取率的影响,见 Roger L. Geiger, "The Limits of Higher Education: A Comparative Analysis of Factors Affecting Enrollment Levels in Belgium, Franace, Japan and the United States." Yale Higher Education Research Group Working Paper, YHERG-41, New Haven, Conn., February 1980。

表 2 高等教育机构中的师生组成百分比,1960 年与 70 年代后期

	1960 年	70 年代后期
妇女		
本科生入学	38.0[a]	51.2(1979)[b]
研究生入学	29.0[a]	48.9(1979)[b]
教师及其他专业人员	22.0[c]	24.8(1978)[d]
种族人群(包括黑人,亚洲人,与土著美洲人)		
本科生入学	6.6[e]	13.0(1978)[f]
研究生与专业入学	6.1[e]	7.8(1978)[f]
教师	—	8.8(1977)[g]
黑人教师	3.0[h]	4.4(1979)[g]
低收入学生		
来自收入分配中最低 1/5 家庭的学生	8.7[i]	14.0(1979)[j]

a. 全国教育统计中心《1975—1976 年教育统计预测》。
National Center for Education Statistics, *Projections of Education Statistics to 1975-1976* (Washington, D. C.: U. S. Government Printing Office, 1966), Tables 11 and 12.

b. 全国教育统计中心《1979 年高等教育秋季入学》。
National Center for Education Statistics, *Fall Enrollment in Higher Education, 1979* (Washington, D. C.: U. S. Government Printing Office, 1980), Tables 2 and 4.

c. 根据全国教育统计中心《1968 年教育统计摘要》计算。
National Center for Education statistics, *Digest of Educational Statistics, 1968* (Washington D. C.: U. S. Government Printing Office, 1968), Table 100.

d. 全国教育统计中心《1979 年教育统计摘要》,1979—1980 年,妇女占全日指导教师的 25.9%。女教师在 1979—1980 年学术年仍然在薪金与任职期方面落后。
National Center for Education Statistics, *Digest of Education Statistics, 1979*, p. 101(Early Release, NCES 80-342).

e. 美国 1960 年人口调查主题报告《学校入学》。
United States Census of Population, 1960, Subject Reports, *School Enrollment*, Final Report PC (2) -5A.

f. 根据全国教育统计中心《1978 年高等教育秋季入学》计算。
National Center for Education Statistics, *Fall Enrollment in Higher Education, 1978* (Washington, D. C.: U. S. Government Printing Office, 1979), Table 29.

g. 美国平等就业机会委员会报告"高等教育主要情况"。
"Higher Education Staff Information—EEO-6," Report of the U. S. Equal Employment Opportunity Commission, 1977.

h. 教育政策研究所《黑人在高等教育中的平权运动报告》。
Institute for the Study of Educational Policy, *Affirmative Action for Blacks on Higher Education: A Report* (Washington, D. C.: Howard University, 1978),

p. 25.
i. 美国人口普查局《当前人口报告》,"1966 年 10 月学生与大学的特点",及"美国 1975 年家庭与个人金钱收入"。U. S. Bureau of the Census, Current Population Reports, Series P-20, No. 183, "Characteristics of Students and Their Colleges, October 1966"(Washington, D. C. ,1969), Table 2; and *Current Population Reports*, Series P-60, No. 105, "Money Income in 1975 of Familes and Persons in the United States"(Washington, D. C. ,1977), Table 13.
j. 美国人口普查局《当前人口报告》,"人口特点:学校入学——1978 年 10 月学生的社会与经济特点。"
U. S. Bureau of the Census, Current Population Reports, Series P-20, No. 346. "Population Characteristics:School Enrollment—Social and Economic Characteristics of Students:October 1978"(Washington, D. C. , October 1979), Table 25; and Current Population Reports, Series P-60, No. 120, Table 5.

我们原本设想,到 1976 年,我们中许多人接受了那种高等教育后,我们将使各种收入水平的家庭都有相同比例的具有高学术能力的学生,但这种希望落空了。① 这仍然是遥远的然而可以达到的目标。而且,根据我的判断,已经得到的许多进展是由于新的时代特征以及学术界被唤醒的良心,而不是由于联邦政府的直接干预。

所有那些千百亿美元的联邦助学金经费更多的是提高了大学入学率,而不是改变不同收入水平的家庭的学生来源组成。然而,这也许有好的政治作用,它表明了公众对机会平等这一承诺的关切——它形成了这样一种情势:缺少入学率更主要是选择问题而不是迫不得已的问题。这使得更多的经费注入高等教育领域。这也减少了中等收入家长的财政负担而帮助了中等收入者的享乐主义。

少数民族和妇女参与教师工作的进展也很慢,但妇女参与教师工作的进展快于少数民族。原因之一是受过训练的人员的数量尚少,另一个原因是政府部门难以反对大学的自主性以及它们的知识精英标准——当然,大学的歧视起了一种作用。

---

① "到 1976 年,独立宣言 200 周年的时候,委员会提出:对教育机会的一切经济障碍应予消灭,因此消除了目前在同等学术水平而不同等家庭收入水平人群中大学入学与毕业和研究生院入学与毕业的可能差异。"见 The Carnegie Commission on Higher Education, *A Chance to Learn* (New York:McGraw-Hill, 1970),p. 27。

有望上大学的高素质人才中多达 15％的现在没有入学,这一情况的根据是,中、低收入家庭与更富裕收入家庭类似能力的最优秀的 1/4 学生入学率相比中前者落后。National Opinion Research Center, Chicago,"High School and Beyond."

用大学来改革社会的第二种努力是学生在一些教师支持下做的。它设法以学校为基地通过政治讨论、示威和抗议来"重构"社会。主要的目标是种族歧视和越南战争,但也有环境污染和核力量等。学生并没有发起这些问题,但他们的确更坚决地使每个问题引起了全国的注意。根据我的判断,学生利用学院和大学来改革社会基本上是无效的。黑人很快拒绝了校园里上层阶级白人在运动中既定的领导权。联邦政府,特别是尼克松总统通过鼓动舆论反对学生的抗议行为而巧妙地暂时提高了民众对于越南战争的支持率。无论怎样,在 1970 年夏秋,学生突然放弃了他们的努力。学生在校园内外的努力有了分歧,在内部士气上和外部支持上都损失不少。学生们在选择课程、项目、大学类型等问题上通过个人奔走争取达到自己的愿望通常比较有效,而在借助集体呼声表达自己的愿望方面不那么有效。我相信学生的政治努力并非天生地无效。它之所以无效,是由于言辞过分和隔膜以及有时使用暴力。更加讲理的、说服性的态度可能会奏效。比较而言,20 世纪 70 年代的学生游说活动是有效的。

可是,高等教育确实以许多方式间接地改革了或至少改变了社会。新知识是我们社会中的巨大推动力之一。人们受教育越多,他们对诸如种族、性关系与人工流产等问题的态度就越开明;他们越发可能对公众问题消息灵动而在选举中投票;他们越发可能爱护自身健康、谨慎投资、有效消费;他们越发可能接受和适应变革。① 生活方式受到了影响。反主流文化并非起源于校园,但它在那里受到热烈拥护并在教师著作与学生及毕业生行动中扩散出去。"新生代"(如丹·扬克洛维奇所称)主要界定为接受反主流文化的,据说现在占美国人口的大约一半,与基本没有接受高等教育的"老一代"相对。②

---

① Howard N. Bowen, *Investment in Learning* (San Francisco, Jossey-Bass, 1977); F. Thomas Juster et al., *Education, Income, and Human Behavior* (New York: McGraw-Hill, 1975); Stephen B. Withey, *A Degree and What Else?* (New York: McGraw-Hill, 1971), Charlotte Alhadeff and Margaret S. Gordon, "Supplement E: Higher Education and Human Performance," in Carnegie Council on Policy Studies in Higher Edncation, *Three Thousand Futures* (San Francisco: Jossey-Bass, 1980).

② Daniel Yankelovich, "Work, Values and the New Breed," in Clark Kerr and Jerome Rosow, eds, *Work in America: The Decade Ahead* (New York: Van Nostrand, 1979), p.10.

把大学直接用做社会改革的工具最近又有了一项纪录,它根据来源、目的与方法而分为局部有效到无效等不同情况。另一方面,高等教育机构立足于社会有许多长期而根本的后果。从事正常活动的大学从根本上改变了社会,但企图为具体的政治改革而操纵大学则使大学变得更糟而不是使社会变得更好。

治理方面的变革　我曾经认为,选择其他的治理方式在美国高等教育中具有重大意义。当我们于 1960 年在加利福尼亚建立总体规划时,我力争确立一项自愿咨询协调的制度(a system of voluntary advisory coordination)。选择其他的治理形式会导致不同的后果,这也是其他许多人的设想;过去 20 年中,就这问题出了许多书和文章,进行了许多斗争。卡耐基委员会所资助的一项关于国家协调的不同形式(从自愿到被迫)对业绩影响的研究表明,在业绩上没有重大的不同[①],我由此而开始质疑我自己的设想了。我现在要提出的结论是,在美国所考虑的变通方法的范围内[②],治理形式会有一些差异,但不如通常所设想的那么多。

近些年来针对治理问题产生了许多斗争:针对联邦干预问题,特别是以平权运动的名义(展开斗争);针对建立一个联邦教育部的问题,这是卡耐基理事会所反对的,但我现在认为不值得费力气去反对;针对全州范围内协调的形式问题;针对建立多校园体系以及在它们之中分配权力的问题;[③]针对安排学生参加各种委员会的问题——但他们很少出席,出席的话也是断续不定的;针对更普遍的"参与制民主"的问题,我认为这指的是,给予每个具体团体的不仅仅是发言权还有否决权;针对教师的劳资谈判问题,这更多的是产生一些新规章,而不是提高教师的实际收入。

---

① 见 Harry Randall Frost, "A Study of Relationships between Certain Characteristics of Statewide Agencies of Higher Education and Selected Indicators of Higher Education," Diss. Universify of Colorado, 1978。

② 已采取的变革,包括许多更激烈的革新,肯定对包括德国、瑞典、丹麦和荷兰等在内的其他一些国家具有重大影响。

③ 在 20 世纪 70 年代初,40% 的学生上学院和大学,它们都是多校园机构。Clark Kerr, "Foreword", in Eugene C. Lee and Frank M. Bowen, *The Multicampus University* (New York: McGraw-Hill, 1971), p. xi.

这些斗争胜负的结果是什么呢？更多的正式规章，但规章总是有许许多多的，而且全社会都朝这个方向发展；做更多的内部、外部报告，但这又是一个普遍趋势；校园人群对学校的依恋感减少，机构自主感减少，但全社会则更加融为一体了；更加保守、更加麻烦、更加耗时的治理系统。有讽刺意味的是，参与性民主强调要咨询所有的"人民"，所有集团都有否决权；人们设想参与性民主会产生更为激进的决策和更快、更有回应的行动，但它意味着的却是更多的拥有否决权的集团和更少的行动、更加信奉现状——因为现状是唯一不能被否决的解决办法。参与性民主没有释放群众被压抑的能量，却肯定了特殊利益集团制止它们不喜欢的变革的权力；而且，它削弱了校园领导权——现在没有行政领导出头露面。这些领导人到哪里去了？他们也像公司、工会和政府领导人那样走了。我相信，高等教育治理变革的两大最严重后果是最后两点：参与性民主和遭到削弱的领导权——从美国高等教育应该拥有持久活力的观点来看，这两者都是消极的。

但这要紧吗？高等教育的内部生活依然如故：教学，课程形式，研究，公共服务。怎么可能是这样呢？我想这有一个很好的解释。大多数决定实际上都是在正式治理体系以外做出的，是以较不正式的、较少官僚主义的方式做出的。更加可见的治理的上层建筑，其重要性低于不太可见的基础结构。关于教学、课程、研究题目与方法、公共服务数量与形式的大多数决定都是由教师个人做出的。关于选择主修、所上的课程和学习时间等大多数决定都是由学生个人做出的。高等教育机构之间的竞争，公立与私立以及公立与公立之间的竞争，意味着大家都在寻求最佳解决办法；谁也不愿落后太远。以这三种方式做出的决定——由教师个人，由学生个人，回应市场压力所引发的外部竞争做出的决定——是最容易接受的、最不受争议，被认为是最合法的。

只看治理的正式上层建筑发生了什么，就像只看了整体中的一部分——重要，但不是那么有决定性。教师个人能决定什么？学生是如何用实际行动表态的呢？机构之间的竞争强制了什么？这些问题比起协调委员会应采取什么形式或是否应设立一个联邦教育部都更加重要。因此不同形式的正式上层建筑对比较结果不一定具有极其不同的影响。

但是我仍然主张给予领导更好的机会来努力发挥作用。高等教育最成功的新政策来自上层。我们必须扭转贬低领导的做法。领导的确是要紧的。领导是在20世纪60年代末和70年代初被学生贬低的,被教师贬低的,被校董贬低的。1969年春,我被邀出席美国大学联合会的一次会议。我已有两年半没有出席过会议了。我向执行秘书说,我似乎只认得在场近50名校长中的半数。他回答说,这很容易解释——就职到该学年末的任何人有一半行将退休。校长们被用作擦手纸。机构幸存下来,它们的领导人留不下来。但在当时出现的和现在将要出现的麻烦时期中,领导人是更加需要的,却难以发挥作用和被保留下来。在我原来的演讲中所列举的校长的属性中,我现在要增加一项能力:能承受由监督和制衡活动所导致的挫折,能顶住所有更活跃、更爱讲话的参加者的批评。也就是说,要具有排污管道一样的神经。

我的论点是,在美国所考虑的大学治理变革的范围内,鉴于着重强调教师和学生各自做决定和各学校之间的主动竞争,在治理方面,选择某一种具体安排抑或另一种具体安排对于大学里真正发生的事只有较小的含义(虽然过程可能更花时间,而且使更多的个人不愉快)。当然了,参与性民主和领导作用减弱的安排与精神这两项应属例外。人们对相对次要的变通方法进行了许多斗争,而对这两大紧要问题却较少注意。可是,我要说,得出这一结论是在直接观察了仅仅大约30年的历史之后。经过更长的时间跨度,现在看来对实际结果能产生同样影响的一些变通方法(诸如学生是否参加教师委员会)可能比我这里所说的有更大的意义——例如在主要危机的时期。

治理方面的大规模长期发展经历了以下几个阶段:从1636年开始的校董会主宰,到1870年以后的校长主宰,到1920年以后的教师主宰,到今天的以及具有更长前景的学生市场主宰。

过去20年中试图进行的三大基本变革大多已失败。学术改革被教师保守主义压倒。把大学变成社会变革的直接工具的努力,从外部尝试时为学校自治所挫败,从内部尝试时则为政治上攻击社会和继续实行学校的学术目标之间的不一致所阻挠。正式治理方面的变革一般没有多大不同,并且当变革发生时,大多数情况下,局面只会更糟。

所有的努力,所有的那种激情和混乱都徒然无用。当然了,在任何时代条件下,这些也都是难以避免的。

我们学到了什么或者重新学到了什么?

现代美国大学有多么强大;它多么能适应环境;它对攻击有多么大的反弹力;它受制于基本变革有多么小;它在20世纪80年代和90年代如何能像60年代和70年代那样生存和前进。

大学自治和取得一系列独立来源的资助对于大学有多么重要;没有一个主子而只有一系列的50个州和许多独立的私人校董会,这是多么有意义。

大学受到多么好的保护,它由许多其他类型的高等教育机构所围绕,保护它免受绝大多数学生的冲击,保护它免受与自己的核心功能不合的教育责任的冲击。

美国大学的校董会对于大学的自治和力量多么重要;这些校董会应由专注于他们机构的福利、了解其事务、深晓学术机构的特殊性质和精神、即使在严峻的当前压力下也善于做长期判断的人们所组成。

教师在系里和委员会里多么保守,他们全体在压力之下又多么反复无常,有可能做出(有时已经做了)任何狂野的事情来;他们在个人性的学术追求上是多么有效,可是在更加感情冲动的事情上他们可以集体反应过度。教师的情绪怎样变化,如从20世纪60年代的过于乐观到70年代的过于悲观,而大学如何继续进行比这些漂移不定的情绪所意味的更稳定的路径。

学生们在挑选学习领域、信从政治事业与政治手段、喜好生活方式方面多么反复无常。我在50年代担任伯克利大学校长时曾经说过,当时巨大的行政管理难题是学生的性问题、校友的体育问题和教师的停车问题;而现在不如说难题是趋向"异性恋"的学生体育问题,教授们(反主流文化仍在他们中的有些人那里得到支持)的性问题,以及回来上进修班的校友们的停车问题。

校友们对他们曾经了解的大学有多么深的归属;保守的校友如何

大多是校友中更忠诚、更积极的；他们又多么容易地为自由派方向的变革所鼓动，如同他们在耶鲁、普林斯顿和伯克利那样。

公众对高等教育的基本支持有多么强；但是对背离期望高等教育行为的暂时性公众反应也有多么强。

各州在资助高等教育方面是多么稳定。各州对公立机构中每个全日制学生的平均的实际支出在1968—1977年间一直保持不变，尽管所有这些都发生在美国和高等教育界。[①] 而联邦资助的目标又是多么不稳定，它从一个重点转换到另一个重点，而且数额上也有变化。

敢作敢为的州长的作用有多么大，不论做好（纽约州的洛克菲勒）或做坏（加利福尼亚州的里根），但是州长们仍然来去变换。

研究型大学对整个高等教育入学率的变化多么不受影响，因为它的入学率主要受它自己的控制。

美国研究型大学对于促进研究和提供需求日益增多的高技能人才方面的必要性有多么大。美国研究型大学在世界最高级学术生活中已具有多么核心的地位。

面临的困难（特别是人口衰退和预算限制）是否不会像冲击高等教育其他部分那样极大地影响研究型大学。

美国研究型大学如何在1990年或2000年比在今天或1960年时对美国社会更加重要。

我们从过去学到的教训在可预见的未来将继续适用，因为大学变化很慢很少。

就像开始原来的演讲一样，我的这篇后记以这样一句话作结：美国研究型大学仍然有很长的路要走。

[①] Janet H. Ruyle and Lyman A. Glenny, *State Budgeting for Higher Education: Trends in State Revenue Appropriations from 1968 to 1977* (Berkeley: Center for Studies in Higher Education, University of California, 1978), p. 69.

第六章 对研究型大学黄金时代的评论

1940—1990年的半个世纪对美国的研究型大学主要是个黄金时代。现在是1994年,我在下面回顾一下我早先写到这一时期的情况,从当前的观点来看,现在正在发生的一些主要发展可能标志着一个新的时代。

1963年的前言:历史的转折

"历史转折"在1994年可以看得比1963年更加显著。从1960年以来,联邦研究基金已上升了大约4倍——1960年时联邦拨款的研究型大学尚在幼年,所有高等教育机构的学生入学在同期上升了大约5倍——普及高等教育已成为现实。(在1940年以来的整个时期,联邦研究基金增加了25倍,学生入学几乎增加了10倍。)

注释说明

一、1963年以来经济学家的一系列研究表明,经济生产率的增加,在40%~60%的一般幅度内,是由于"知识的推进"。

二、大学在"知识推进"中的作用可以由赠予大学的联邦研发基金的数额来说明(按1982—1984年不变美元计算,不包括大学管理的联邦实验室)(单位:百万美元):

1930	135
1940	310
1953	515
1963	2,485
1968	4,510
1973	4,470
1978	4,690
1983	5,010
1988	6,925
1993	7,995

1930 年与 1940 年的数据是全部联邦基金,它们不仅仅用于研发,但多数是用于研发。

三、研究型大学里教师的教课时间减少了大约一半,从每周 9 小时减至每周 4.5 小时。[①] 9 小时,加上备课、咨询、委员会工作、考试等等,在不断有新信息吸收的领域里接近于"全负荷"(每周 40 小时)。按这样的教课水平,大多数研究就是"附带的工作"(一周中的空余时间和"加班时间"、周末、暑期、休假年)而不是其中的主力。按新的教课水平,研究成为整个活动中的最大组成部分。也应指出,大学和各州提供给"联邦研发"的最大津贴减少了教学工作量,这种减少是全面的,而不仅仅在联邦研发所支持的"学术科学"的那些领域。研究型大学也以其他方式转移资源去支持联邦研发项目。

四、在 1963 年时,我提到了"空前比例的人口"进入学院和大学。总入学数(按人头计算)如下(单位:百万学生):

1930	1.1
1940	1.5
1950	2.5
1960	3.2

[①] 1969 年,美国大学教授联合会建议每周 9 小时的"最高教课负荷"以及 6 小时"部分地或全部地用于指导研究生"的"优先教课负荷"。American Association of University Professors, *Policy Documents and Reports, 1990 Edition* (Washington, D.C.: American Association of University Professors, 1990), p. 164.

1970	7.1
1980	12.1
1990	13.7

由于学生集中在研究型大学,原来的戈德金演讲主要关心的是,更注意寻求新知识会有什么影响。同时出现的第二个空前巨大的学生数目更多的是影响了社区学院以及所谓的"综合性学院与大学"。当我们从大量招生变为普及高等教育时,我在其他地方较详细地考虑了这第二个方面。①

研究型大学现在占美国高等教育学生与教师总数的大约20%,占机构总数的3%。

大学的理念

在原来的这个题目的讲话中,我首先提出了结合在现代"巨型大学"中的大学的三个模式(英国的、德国的、美国的),每个模式多少处于平等地位。从1963年以来,其中一个模式丧失了基础——英国模式,即本科生"博雅知识"模式,它也已在英国衰落。1963年时这种衰落尚不明显,但已经是变化背景中所固有的了。到1963年,联邦政府——开始时主要作为一项反萧条的行动——已根据本科生住读制校园的英国模式大力援助建设住宿楼和学生会楼,芝加哥大学的"哈钦斯学院"和哈佛大学的"红皮书"作为恢复本科生"博雅知识"的手段仍然广受讨论。

可是从1963年以来,"博雅知识"已在退却中,令人惋惜但无法恢复,让位给职业研究和专业研究,以及让位给文理科内部越来越多的专门化;"教育政策"是大部分教师不大关心的问题。随着普及高等教育对非住读制学校的特大影响,随着文理学院(许多已转成"综合"性学院)录取学生的比例的减少,大部分非住读制机构,特别是社区学院

---

① Clark Kerr, *The Great Transformation in Higher Education*:*1960-1980*(Albany:State University of New York Press, 1991).

以及综合性学院和大学在拥有学生数量方面已占主导地位。德国(研究)和美国(服务)的模式相对来说都扩大了影响。总的情况是较少强调卡耐基委员会所谓的"学生个人的发展成长"①,而英国模式是非常专注于这种强调的——英国的帕蒂森在19世纪50年代把这称为塑造"人"②。

其次,我讨论了实行更多的"公众权威"以及更多地将学生与教师群体分离开来,更多地在学生群体内部与教师群体内部制造分离对于传统治理形式的影响。自那以来,我提出:学院治理(academic governance)最好应视为一系列结合松散的"等级集团"(如在大革命前的法国)之间的互动,每个集团有不同的成员,有自身的决策形式,有自身的控制领域和(或)影响领域。③(在原来的戈德金演讲中,我使用了"国家"一词而不是"等级集团",提到松散地构成博洛尼亚大学和其他一些早期大学的"国家"。我有时曾想过另一个称号可以是像布卢明代尔大百货公司底下的"小商号"。)这些等级集团时而联系松散,时而联系较紧地结合在一起,但它们并不明确地构成一个具有单一目标和整体等级制管理的组织。巨型大学产生了多元化的治理(multifractionated governance)。我在原来的演讲中从目的与功能进而谈到治理的时候,我暗示它们之间有着因果联系,但并不明言巨型大学内在

---

① Carnegie Commisson on Higher Education, *The Purposes and The Performance of Higher Education in The United States* (New York: McGraw-Hill, 1973), Chap. 3, "Purpose 1: The Education of The Individual Student and The Provision of a Constuctive Environment for Developmental Growth".

② *Report of the Commissioner to Inquire into the State*, *Discipline*, *Studies and Revenues of the University and Colleges of Oxford*, *Together With the Evidence*, *and an Appendix*. House of Commons Parliamentary Papers, 1852. Evidence of Mark Pattison, p. 48.

③ Clark Kerr, "The Great Transformation in Higher Education: 1960-1980," Introduction to Part Ⅲ, pp. 199-205. 尼尔·斯迈尔瑟早些时曾以法国大革命以前法国的"等级"及其他的比较状况作为比喻,很有深意地说明加利福尼亚高等教育内部上升的矛盾冲突。见"加利福尼亚高等教育的增长、结构变革、与矛盾冲突,1956—1970",载于 Neil Smelser, "Growth, Structural Change, and Conflict in California Higher Education, 1950-1970," in Gabriel Almond and Neil Smelser, eds, *Public Higher Education in California* (Berkeley: University of California Press, 1973), pp. 9-142. 我使用"等级集团"一词是为了说明内部治理的复杂性。埃里克·阿什比更早曾在1970年写过,见 Eric Ashby, *The Rise of the Student Estate in Britain* (Cambridge: Harvard University Press, 1970). 阿什比也把大学描述为一个"无政府群体"和一系列"小辛迪加"。见 "Ivory Towers in Tomorrow's World," *Journal of Higher Education*, Vol. 38, no. 8(November 1967), pp. 417-427.

地意味着更加多元形式的治理,意味着前者导致后者:多种目标与功能导致多种权力分配。

再次,我转而谈校长领导。我指出,过去的"巨人"都涉及研究型大学的革命性发展和试图反对它的反革命(例如洛厄尔和哈钦斯)。然而,没有革命,没有反革命,就不会有巨人校长去推动这种大视野。在更加晚近时期的这种革命或反革命更多地在华盛顿的公众人物中找到了它们的"巨人"(例如科南特、布什和康普顿)①,或者在校园里激进学生中和教师中找到了它们的"巨人"。巨型大学导致领导权的多处分散,校长成为主要的沟通者并在许多领导人中寻求共识,他与领导人的许多情况都一样,但最终的公关责任不同。

因此,目前形势的逻辑是:多元目标与功能导致多元形式的治理,而多元形式的治理导致校长职权分成了若干部分(fractionated presidency)。这是我所谈内容中的应有之义,但是从未作为一种因果链大力提出来。

最后,我暗示过一点但从未直言:校园本身是这种发展进程的一个潜在牺牲品。柏拉图的学园(Academy)、亚里士多德的学园(Lyceum)和纽曼的牛津都是而且不得不是校园。"博雅知识"要求所有的(或至少大多数)重要科目应互相关联在一起得到研习,所有的师生应相互共同讨论。但是研究所可以互相分开——这是向来的情况,如在德国、法国和俄国——甚至可以与研究生分开;当然,我相信,这样做花费巨大。正如我在演讲中指出的,纽曼曾写过,"如果大学的目的是科学与哲学的探索,那么我真不知道大学为什么要招收学生。""服务",如补习进修服务和咨询,可以容易地设在校外,但又要很大的花费。专业训练可以设在城市各处,如在罗马和许多拉丁美洲城市就是如此。图书馆拥有书,但它不再垄断藏书和信息资源;面对面的交往作为人际互动的手段很少产生垄断。教师和学生可以更容易地远距离来往。现在,教师有可能在纽约市和宾夕法尼亚州立学院同时教

---

① 詹姆斯·B.科南特、万尼瓦尔·布什和卡尔·康普顿是第二次世界大战期间促成政府与大学在科学研究上合作的主要人物。他们关于把这种合作继续到战后世界的计划见 Science, The Endless Frontier: A Report to the President by Vannevar Bush (Office of Scientific Research and Development, Washington, D.C.; U. S. Government Printing Office, 1945)。

课,甚至在巴黎和哥伦比亚同时教课,而有时确实是这样。

学院生活(academic life)的神经系统活动现在越来越多地依靠电脑终端和传真机(我常想,现在"传真库"正在取代"思想库"),越来越少地依靠面对面接触。这使我悲伤——冰冷的机器接触取代了温暖的人际互动。我的感情归属仍然是20世纪30年代初的斯沃斯莫尔学院。与此同时,我于1963年在哈佛描述更为机械的"巨型大学",我在圣克鲁斯努力建立一个更加有机系列的"学院群"①并把整个加利福尼亚大学的各校园规模缩小了。使用的名称("巨型大学")看来是对现实更准确的描述,而后来的努力(学院群)则是实现了的乌托邦改革。

一般的校园作为一个社会环境更适合于通才之间的横向接触;而各个分立的学科则更适合于独立学科领域里的专家之间的垂直接触。因此,校园更取向于内部关系,而学科更取向于外部接触:与资助部门,与同行的专业人士,与学术刊物,与付费买服务的客户接触。校长可以**领导**横向的关系,但至多只能**方便**垂直关系。

传统的校长职权大部分是以校园为基础的。它主要关注本科生、教师个人、校友、当地社区以及一般资助的来源。今天的学科专家大部分绕过校长去取得他们自己的公共资助来源、出版机会以及服务买主。越来越多的教师现在较少受缚于一般校园而更多地趋向他们各自的学科;而他们生活中的校长作用越来越不像主宰哥伦比亚大学的尼古拉斯·默里·巴特勒或者主宰加利福尼亚大学的罗伯特·戈登·斯普劳尔。首要的(甚至唯一的)维系人们情感的共同体(community of attachment)不再是校园,而是学科——不再是修道院,而是机场休息室以及电脑和传真终端,或者至少,电脑和传真终端这紧密相连的两者共同成为首要的维系人们情感的共同体。

在学院和学园(the Academy and the Lyceum)中的学术接触大概是具有共同兴趣和类似观点的人们之间的横向活动。巨型大学内、外

---

① Gerald Grant 和 David Riesman 提到圣克鲁斯时说它是"上一个十年最真实的成功之一",见"Reform and Experiment in the American College," *The Perpetual Dream* (Chicago: University of Chicago Press, 1978), p. 253。

的学术接触现在是越来越狭窄的专家内部的垂直活动。两种系统各有优点。横向活动更适合于追求通识教育的本科生、从其他信息实体和其他方法论的接触中寻求启发的学者以及那些关心处理整体现实的决策的人们。垂直活动更适合于先进学生在专业内的直线进展以及寻求更快更多地发表作品的学者们。

我认为,我们对于正在发生什么事以及如何应对考虑得太少了。我们应当让垂直接触自然而然地稳步取代横向接触吗?或者我们应当把学院(the college)与大学(the university)分开以建立(或保留)供横向接触的机制吗,就如哈钦斯想在芝加哥大学做的那样?或者我们应当推进这一过程而把大学更多地分成独立的研究所,例如像德国的马克斯·普朗克学会那样?或者我们应当设法找到使这两种方法共存和互补的方式,例如在芝加哥大学的四边(教师)俱乐部以及在那里推进跨学科领域研究的各种委员会,或者像伦敦经济学院(和其他英国机构)有教师和研究生的一个共同休息室,或者像圣克鲁斯加利福尼亚大学试图成立的学院以及一些较新的英国大学?或者我们应当鼓励更多由教师们在跨学科基础上积极组成的有组织的研究单位?当然,教师个体可以自行在跨系范围内寻找学术接触。确实,学术世界更加复杂的问题之一是如何最好地使用横向方法和垂直方法来推进和传递知识。

我自己确信,不论横向或垂直接触,只用机械手段都不能最好地进行;因此,教师反对新技术作为优先教学法并非就是一种卢德派式的反应。直接的人际接触加强了双方的互动,更好地传达出非语言信息,提供更好的提问和挑战机会,深化个体的知识结构和提高新信息的吸收速度,以及全面地改善反馈。

因此,在这几种方式中,(1)目标、(2)治理、(3)校长职务和(4)校园生活发生的情况都交织在一起:要了解一个,必须了解全部。

"大学的理念"继续缓慢地和不平衡地运转——在有些领域根本不动,在其他领域运转迅速。

詹姆斯·布赖斯在1914版的《美利坚联邦》①一书中写道：

一、"如果我们关于大学的定义是指传授各时代包罗学术生活所有各大部类的一系列主题的最充分、最准确的知识的地方"（第715页），那么只有大约10所或15所大学。（今天，有125所"研究型大学"和110所"能授予博士学位的研究机构"。）

二、校长具有"几乎君主式的地位"。他是"州内甚至国内的主导人物"。"国内没有人……比他有名，也肯定没有人比他更受尊敬"（第718与748页）。

三、"对通识性的博雅教育(a general liberal education)的概念评价不足和实现不全"，而"实用性的学科"则"不适当地强大"（第761页）。

四、"大学教师感到世界上任何事物都不如将献身于真理作为第一目标那么强烈"（第762页）。

五、美国的大学是"为国家福祉而努力的最强有力的和广泛深入的力量"（第762页）。

布赖斯的观察可作为衡量变化情况与程度的基准。

注释说明

一、从那时以来，我发现了使用"巨型大学"的又一个先例：亨利·亚当斯在《亨利·亚当斯的教育》一书中写到他所谓的"大宇宙"②，如同威廉·詹姆斯在稍后所做的。

二、亚伯拉罕·弗莱克斯纳早在1908年就指出，校园正成为一系列分离主义活动：各系"不再绕一个中心太阳旋转，它们甚至不是自由地互动"，它们只是"肩并肩地生活在一起"而已。③

三、伊曼纽尔·康德更早在1798年就观察到大学正在化为"系科

---

① James Bryce, *The American Commonwealth*, new edition (New York: Macmillan, 1914), II.
② Henry Adams, *The Education of Henry Adams* [New York: The Modern Library, 1931(1918)], pp. 458, 461.
③ Abraham Flexner, *The American College: A Criticism* [New York: Amo Press, 1969(1908)], pp. 29-30.

间的矛盾冲突"①,特别是神学(启示)对哲学(理性),更一般的是"高级系科"对"低级系科"的矛盾冲突。学术世界正在失去它的大一统——或许比1798年还早得多,它开始于宗教改革。

联邦拨款大学的现实

美国研究拨款大学是一个巨大的学术成功,特别在科学方面:在1950年,联邦研究拨款大学在它幼年时期,自1950年以后,所有诺贝尔奖与菲尔兹(数学)奖的55%奖给了居住在美国的学者;在20世纪80年代,全世界主要科学期刊所有引文的50%也是这批人;在1990年,在美国注册的全部专利权中的50%源自美国;在1990年,美国有18万名来自外国的研究生,这显然使美国成为研究学习的世界中心。

1987年,哈佛大学前文理学院院长亨利·罗索夫斯基写道:

> 在外国经济竞争对手似乎在一个接一个的领域里超过我们的日子里,可以再次确信一点:毫无疑问,美国主宰着世界的一个重大的产业,那就是高等教育。世界上2/3到3/4的最好大学是在美国。这个事实是最近对美国高等教育展开批评的许多人所忽略的。(我们也有一大部分世界上最差的学院和大学,但这是另一个问题。)
>
> 我们经济中其他哪个部分能作类似的说明呢?有棒球、橄榄球和篮球队——但名单也到此为止了。没有人会说今天的美国有2/3的全球最佳钢铁厂、汽车厂、芯片制造厂、银行或政府部门。我们处在高等教育质量表上的高端地位是非同一般的,它可能是一项特殊的国家资产,需要加以说明。
>
> 在高等教育方面,"美国制造"仍然是最好的标签。我唯一的忠告是加上"小心轻放",否则我们也会降到美国其他大多数产业

---

① Immamel Kant, *The Conflict of the Faculties* [New York: Abaris Books, 1979 (1798)].

状况的水平。①

自从在好几个世纪之前的西欧地区的意大利出现了大学,还没有任何一个国家能这样主宰学术生活。

成功是巨大的。

增长是巨大的。

可是,机构的费用也是可观的。有些影响朝着我在 1963 年看到的方向发展:

一、对本科生教学注意较少——教师的教学工作量下降了大约一半,更多地使用助教,加大班级规模,增加"小组协同教学"(team teaching),一个以上的教师声称擅长同一课程。

二、研究活动的"天平"继续倾向保健、工业和军事方面——这是联邦政府定下的优先权。

三、有些教师甚至更多地盯着联邦资助和校园外的其他联系。

四、优势领域——包括科学、数学、工程、医学以及某些社会科学,与劣势领域——主要是人文、艺术和建筑——之间的分裂增大了。后一领域的教师只能得到很少或得不到联邦资助,业绩没有特殊奖赏,没有人来咨询他们。这些领域里的一些教师叫苦不迭。"富人"和"穷人"之间的显著差别是美国大学历史上前所未有的。在 1994 年比 1963 年甚至更为严重,当时我谈到了"富裕的科学家,战斗性的人文学者"。然而,人文学者也从科学家所开辟的减少教学工作量的道路中受益。

也有一些在 1963 年时尚不清楚的反响(或者至少我尚不清楚):

一、其他被卡耐基分类系统列为"博士学位授予"和"综合性"的机构,甚至一些被列为"文理学科"的机构,都仿效(但程度上小一些)研究型大学定下的格局。各机构争着挤进"研究型大学"优先类别的斗争变得更剧烈了。

二、申请拨款(真正申请到拨款的只是三分之一或四分之一)、管理和汇报拨款吸引了许多教师的注意力。参与这种"激烈竞争"的教师对学校职员和研究生有了一层义务,使他们必须继续不断地参与寻

---

① Henry Rosovsky, "Higher Education," *The New Republic*, July 13 and 20, 1987, pp. 13-14.

求拨款的活动。教师们现在更可能是活跃的团队领袖。管理活动是减轻教学工作量和更多依靠助教的一个证据。活动往往占用了至少因减轻教学工作量而腾出的时间。但应指出,在无需竞争的领域,如稀有语种和古语种等领域,教学工作量也几乎同样下降了。

三、教师个人获得联邦拨款基金,这成为学术晋升中更重要的标准,尤其在不太精英化的机构里更是如此——而这削弱了教课贡献和其他校内服务贡献在学术晋升中的重要性。

四、年轻教师迫切地想要挤进拨款的洪流,而一些老教师则在拨款系统里取得了"终身职"。最可悲的是中年教师,他们完全失去了校外的资助。

五、在短期资助与晋升周期过程中,短期项目优先于长期项目。

六、教师薪酬变得更不平等。在联邦拨款系统内的一些人,暑期工作和假期都有工资,这可能为他们增加 1/3 或更多的基本年收入。

七、联邦政策的转移对个别大学的命运有巨大影响。最近联邦政策向越来越多的理工院校的应用研究转移,这极大地有利于诸如佐治亚科技学院、弗吉尼亚科技学院、得克萨斯农业与机械大学、戴维斯加利福尼亚大学、宾夕法尼亚州立大学和布法罗纽约州立大学这些机构。从 1985 年到 1992 年间,这六所大学所获得的联邦研发经费平均增长了 101％。哈佛、斯坦福、麻省理工和伯克利平均增长了 62％。

八、有些大学变得过于依赖经常费流入的增加(a rising flow of overhead payments)来支付它们的运转,因此力求扩大那些能增加该流入的领域和压缩别的不能增加该流入的领域。

联邦研究拨款在 20 世纪对美国大学的影响至少像联邦赠地在 19 世纪对美国大学的影响那么重要。联邦政府的这两大创举使服务与研究功能大大受益。大学与联邦政府之间的非正式结合取得了不平常的功效。

才智之都的未来

当初我就这个题目所做的演讲谈到,从治理机制、基本信仰、非正式内部行为等方面来看，大学同诸多国教机构——在西方世界和穆斯林世界里，部分大学正是从这些国教机构中发展而来的——都属于最稳定的机构。然而今天它们却受到周围社会变革的严重冲击。而它们却处于那些社会中更加核心的地位，因为推进知识在经济发展中起着更加关键的作用。

对我当初的演讲最常见的批评之一是说，我分析了原有的大学（虽然分析得太无情）但我的看法中没有谈它们应当如何。但在第三个演讲中我确实既把大学放在宇宙的中心，又再次要求它更大程度上成为人们的共同体（the community of people），成为各知识领域的知识分子互动的共同体。我现在比我当时更多地意识到，这个看法其实是两种看法，它们并不是内在地充分相容的。前者指的是更大规模和更加专门化，而后者指的是较小规模和更多的共同兴趣——伯克利的最佳和斯沃斯莫尔的最佳，但我仍然希望能有办法使它们更加相容而不是更不相容，虽然这种希望可能只是易受指摘的空想。

在1963年，我对知识进程的运行一般是很乐观的。与不同年龄的许多大学教师一起，我也赞同苏格拉底的观点："唯有一善，乃知识；唯有一恶，乃无知。"我也深信，知识的进步（progress of knowledge）将带来**通过**知识的进步（progress *through* knowledge）。

在20世纪90年代，我有了更多保留，其他许多人也这样。世界著名经济学家罗伯特·海尔布伦纳最近写道，"对进步的信念……今天处在一种不安的重估之中"，还说"进步的思想现在处于穷途"。[①] 新知识犹如毒瘾，可以有好效果，也可以有坏效果。新知识的疗效是有限度的，例如在直接控制人口猛增或种族、宗教原教旨主义的爆发等方面。知识并不一定都是好的，而且肯定不是唯一的"一件好事"。因此，大学需要谨慎行事，不要趾高气扬地宣称无所不能。我们许多人应当更早地、更充分地认识所有这一切。我们太欢欣了。

在1963年，我更具体地指出了"才智之都"正在发生的和快要发生的一些重要变化，包括：

---

① Robert Heilbroner, *Twenty-First Century Capitalism* (New York: W. W. Norton, 1993), pp. 37, and 145.

新生物学的兴起,对艺术创作兴趣增大

在普及高等教育的新时期,社区学院发展成核心机构

"在一个民粹主义社会里,如何为卓越保留一席之地是紧急的问题"

巨型大学的美国模式被接受为"世界其他地方的大学模式"

然而,在对未来的具体希望方面,我的期望则过于乐观自信了:

博雅知识会(而且应当会)在本科生教育中处于更加核心的地位——谈得很多但行动很少

许多学者可能(并应当)对更加普遍的社会观更感兴趣。与之相反,学术世界却更加激烈地走向专门化,而不是"更加统一"

大学会更加注意开发其"脑子"(有关它最应做到什么和最能做到什么的看法)与"身体"(它的活动)——至少身体仍然活着而且大部分仍然很好

我继续希望所有这些能早日充分实现,但我不再期待。

总的说来,我对大学的发展进程及其自觉改进自我的能力有点不太乐观了,正像我对知识的有益作用也有点不太乐观一样。但我在1982年版的前言中提出了一项警告,现在我要重复一下:警惕情绪的过分摇摆——从好年头的太多乐观到坏年头的太多悲观。

这是我在 10 年前写的,在 20 世纪 60 年代和 70 年代初的学生造反以后,当时紧急的问题是高等教育是否有可能复原。我注意到:在无节制的仇恨和失望之中做出的许多答案大部分认为,整个高等教育尤其是大学是注定要没落的。1973 年秋,我在美国教育理事会年会上谈到了"学术界的情绪"。[1] 我指出,新近出版的有些书在书架上瞪着我,书名和副标题诸如此类:

处于无政府状态的学术界(1970)

退却中的学人(1971)

混乱的学院(1971)

---

[1] John F. Hughes, ed., *American Education and the State* (Washington, D.C.: American Council on Education, 1975), pp. 267-275.

危机中的美国大学(1968)

学术丛林中的混乱(1970)

回到中世纪(1969)

学术政策的破产(1972)

高速公路上的盲人(1971)

炸掉它(1971)

我们学院中的混乱(1963)

对峙与反击(1971)

美国大学的死亡(1973)

美国教义的堕落(1971)

一位学院校长的毁灭(1972)

学术界穷困潦倒(1972)

严阵以待的大学(1970)

炸掉大学(1971)

美国大学的衰落(1972)

这只是例子,名单可以按字母排到最后。我说过,"这是我们高等教育中一些'最优秀''最聪明'的人——以能出书作为界定——对我们的想法"。我仍然似乎感到奇怪的是,受过如此严格训练的才智之士,当他们自身利益似乎受到威胁时情绪竟也会如此反复无常——更多地对当前事态作出反应而不是反思历史。

但这些观点正确吗? 我曾回答说:"对那些只看到黑暗与厄运的人们,我们可以说许多好事正在发生。对那些说什么都失败了的人们,我们可以说事实上许多正在成功。对那些只看到问题的人们,我们可以说有着减轻它们的可能。"我当时是作为高等教育卡耐基委员会主席说这番话的,正在从事后来成为对美国高等教育12年调查和建议的工作。后来的高等教育政策研究卡耐基理事会(我也是该会主席)在它1980年的最后报告中总结说,实际上,回顾起来,"20世纪70

年代……是高等教育良好的十年"。① 当时一些学术界人士的担忧和回顾中的历史的真相之间存在巨大差距,而且这种差距是很少见的。

我们从70年代的美国大学(开始时是那么失望而结束时作为一个"良好的十年")和骚乱的60年代的美国大学认识到什么？我们肯定已经认识到,要谨慎对待许多研究高等教育的学者在紧张情况下所说的过急言论和对当前的错误判断。许多人自己是高速公路上的盲人,不知道车流在走什么方向。

这是1994年不应当拒绝的一个教训。

注释说明

"知识产业"的思想看来可上溯很久——至少可上溯到1892年和托马斯·赫胥黎:"中世纪的大学向后看;它声称是旧知识的仓库。……现代大学向前看,它是新知识的工厂。"可是,我指出,我从不使用"知识工厂"一词来描述研究型大学,我觉得这个词很讨厌——不像赫胥黎。② 事实上我认为,研究型大学与工厂相去甚远。

20世纪60年代造反后的反思

1963年可能是做戈德金演讲最糟糕的时间。这些演讲发生在1964年秋伯克利学生造反以前,虽然学生积极分子最初阅读时表示理解和赞同,当时他们更关心内部学术改革,但是后来当他们转向更多的外部问题而大学被视为他们所反对的社会的一部分时,我的演讲就遭到谴责了。而且,伯克利的大学教师当时处在一种失望的褊狭状态。伯克利正在从加利福尼亚大学内唯一一个真正有分量的校园成为几个有分量的校园中的一个。它对于针对其明显伟大的成就所提出的任何批评十分敏感,并且,有些教师认为我挑出伯克利来特意批评,而事实上当时我在均等地写到我在美国和国外都相当了解的哈佛和其他巨型大学(例如,包括伦敦大学)。很清楚,本科生受忽视的情况以及我

---

① *Three Thousand Futures* (San Francisco: Jossey-Bass. 1980), p.13.
② Letter from T. H. Huxley to E. Ray Lankester, April 11, 1892.

所批评的其他情况当时不仅仅发生在伯克利,但在伯克利的一些教师看来,只有伯克利才产生这些情况。激进的学生和保守的教师都同样被"巨型大学"的思想冒犯了。而这一点引起了我的注意。如果我当时知道我现在所知道的情况,我会做那些演讲吗?答案是:绝对"不会"。

另一个问题是:作为一位积极的校长,我是不是不管什么时间都应做这些演讲?答案是:"几乎肯定不会"。据我所知,20世纪仅有另一位在职校长像我这样公开批评现代研究型大学的,那就是罗伯特·梅纳德·哈钦斯。我们共同持有一些(但不是全部)批评现代研究型大学的相同理由,他为他的批评付出了代价。他的评论更有批判性(他对芝加哥大学的评论中有局部内容除外,因为他称它为"最好的"),更尖刻和更有说服力。他试图更多地开展批评,而他也为此付出了更多的代价。校长们几乎普遍地是满嘴赞美之辞,绝不轻率——宁可"浮夸"。这是校长们的通常做法,而人们对之则是信任地期望和平静地接受的。我的结论是,如果不这样发表言论,那就是对校长的职务帮倒忙;像哈钦斯和我那样坦率和开放是不明智的;审时度势是英勇的更好部分——这是大多数校长不用告知就应遵从的规则。

最后,我应当做那些演讲吗?这里,我的结论是,它们可能有助于一些人提高认识。由于我没有第一手经验就不可能写出那些演讲,我应当再等几年在我离开校长职务以后——但是,这样的话我不大可能被邀请在哈佛作戈德金演讲了。

1972年后记(第四章)是为第二版写的,是在60年代凋谢的经验之后。我试图把我对"巨型大学"一词和"调解者"作用的意思说得好一些。然而,我不能肯定如果我早一点这样做的话,是否批评者会更好地接受这些演讲。当然,他们反正是不喜欢它的。我也像现在这样重新肯定原来演讲中的一些主要主题。在1972年,我再次表现出对未来过于乐观的希望。在1972年,这些希望包括有些新的校长"巨人"会出来领导,即使我早先时候表示过在围绕校长职务的新环境下这种领导显然困难得多。我在1972年所提到的没有撰写的第四章后来在我担任主席的卡耐基委员会和理事会的一些报告中以更长篇幅撰写出来。①

试图改革的失败

1982年的后记（第五章）回顾了20世纪60年代与70年代许多意欲进行的内部改革措施，特别是学术改革②，它们大部分都失败了，然后我试图说明为什么。源自外部的变革措施或压力一般比较成功，我也要说明为什么。

我在一项内部改革上显然是错的：非洲裔美国人研究，拉美裔人研究，亚洲人研究，土著美国人研究和妇女研究——如果这些被视为内部改革而不是外部改革措施的话；实际上它们兼而有之。这些领域的研究近年来已经启动。我熟悉的一个校园的课程一览中，这些领域有一百多个课程。我想这是因为，一旦打开了这些领域，学生就大量选课（有时是被要求所鼓励的），接下来预算和教师职位就按学生选课而紧紧跟上。我并未预计到这一点，因为这种课程没有多少职业或专业用处，而学生一般是朝着职业和专业方向发展的。寻求能提供帮助的学术与社会环境比我预计的要大得多。而这些发展是有许多外部支持的。

第五章更多地关注试图进行的内部学术改革。它较少注意60年代学生运动在政治上对内部具有核心冲击力，沃尔夫把这种冲击力称

---

① 见 Carnegie Commission on Higher Education, *Less Time*, *More Options*: *Education beyond the High School* (New York: McGraw-Hill, 1971), 以及 *Reform on Campus*: *Changing Students*, *Changing Academic Programs* (New York: McGraw-Hill, 1972)。又见 Clark Kerr, "Rebuilding Communities of Scholars: Toward the More Perfect University," in *The Great Transformation in Higher Education*: *1960-1980*, Chap. 22, pp. 285-295。（此文原来是为1967年的一次会议所准备的演讲稿，该会议题为"美国的大学"，由罗伯特·哈钦斯主持，由民主制度研究中心举办。我当时把它看做是我的第四个戈德金演讲，这次演讲从来没有兑现过，而我当初希望借这篇演讲平衡我的讲话。）

② 有关许多具体的、试图进行的内部学术改革的一个局部名单，请见 Clark Kerr, "Annex: Mutations in Undergraduate Education in the United States—Early 1970s," in *Troubled Times for American Higher Education* (Albany: State University of New York Press, 1994), pp. 139-146。这一名单最初是在1976年日本广岛的一次会议上提出的。

为"一切权力归师生"①。这种情况当时具有一些影响,使教师对学生观点有更大的兴趣;它甚至至今都还有一些持续的影响。但是,作为一种革命性的变革,它是完全失败了。在现有的学院或大学里,现在没有一个系是在这个基础上运行的,更不用说整个学校机构了;一切有关"自由大学"(free universities)的努力,包括柏林自由大学,都失败了。"自由大学"这个概念在实践中有若干缺陷:

一、它拒绝周围社会的利益,忽视了自己需要得到周围社会的支持。它设法成为"国中之国",但是这个国依靠自身无法生存,特别是当它以"持久的批判"②为唯一目的之时。

二、它忽视了治理的行政方面(没有校长,没有校董)以及司法方面。

三、在它专注的立法领域,它喜好积极分子参与群众集会,而剥夺了整个选区大量成员的权利;它强调对抗策略和"不妥协";它无视师生(以及每个集团内)的不同利益。我指出,"新左派"学生所要求的参与性民主是其纲领的核心内容,它对教师更有吸引力是在他们把矛头指向校长和校董而不是指向学术评议会和各系的时候。"新左派"学生攻击教师治校的手段,这是犯了一桩严重的策略性错误。教师由支持迅速转为反对。这是"运动"转瞬即逝的一个重要原因。参与性民主被"查禁"了。

四、在实践中,它更多的是导致了僵局而不是进展。这是不可避免的。

此外,在第五章,我忽视了提及在身心健康和学术及专业进展事务上清教徒性质的养父母式规章的衰落和"大地母亲"方面(普罗米修斯范围)养父母式忠告兴起的巨大影响。养父母地位采取了新的形式:"瞧着我。"

---

① Robert Paul Wolff, *The Ideal of University* [New Brunswick: Transaction Publishers, 1992 (1969)], p. 133.

② Wolff, p. 42.

第七章 一个新的时代？
从增加联邦财富到增加州的贫困

美国研究型大学至今已经历了四个时期(第四个时期刚刚开始)，当然还将会有更多的时期：

一、**起源：1810—1870 年** 德国模式吸引力日增，开始时在 1809 年柏林大学建立以后，只吸引了少量美国教师和校长。1876 年约翰·霍普金斯大学建立是德国模式最明显的一举成功。这一事态的发展也得益于 1862 年联邦采取行动所创办的赠地模式。

二、**缓慢增长：1870—1940 年** 许多大学，有私立有公立，越来越多地将注意力集中到研究上，虽然就教师时间而言，主要的兴趣仍然是教课。万尼瓦尔·布什在他的《科学：无尽的边疆》(1945)一书里从对 125 所机构的调查中发现：在 1940 年，各种来源的 2000 万美元被它们花费在研究和工程上，而大约有 1000 万美元或者总数的一半则集中在 10 所大学，可惜他没有指明是哪 10 所。其实这 10 所就是当时"主要的"研究型大学。

三、**活动迅速扩大和延伸：1940—1990 年** 第一次巨大的猛增是在第二次世界大战期间，以麻省理工、芝加哥和伯克利为首。一场军事热战，一场军事冷战，随后是国际产业战帮助改变了美国研究型大学的世界。到 20 世纪 90 年代初，根据卡耐基委员会系统，大约有 125 所机构被指明为"研究型大学"。对这些大学而言，研究是教师活动中唯一的主要活动。在 1963 年，我曾经说到，有 20 所这样的大学，当时它们花费了联邦政府给予所有大学与学院的研发经费的一半左右。1990年,32所大学占了联邦"学术科学"资助的一半。

我把20世纪70年代包括在迅速扩大和延伸时期内,这是因为,虽然联邦研发经费已经稳定下来,但它们在更多机构中间进行了分配,而且学生入学数仍在增加。20世纪80年代,给大学的联邦研发开支再次增加(特别是1983—1988年),因为美国对苏联发动了它最后的(成功的)军事与科学挑战。而且,在80年代,广泛预测的"人口萧条"并未发生。

四、资源紧张:1990—2015年,或许更长 经费(特别是国家经费)源源不断的金色前景看来很难有保证。校园的第一反应是试图忽视(或否认)正在发生的情况——这种反应在许多教师中仍然普遍。第二种反应是行政管理者采取临时补救的权宜行动。第三种反应还在演进,它可能涉及行政管理者与教师。这种反应源于学生新浪潮方面的压力——通过争夺资源,学生新浪潮直接影响了许多机构,而间接影响了他人。

原来的戈德金演讲以1963年的观点来看第三个时期。这个第四版则以1994年的观点看第四个时期——每种情况都不能充分了解发生的全部,但可以开始推测并准备回应。

1963年是美国的一个好年头。战后经济达到最高峰。政治上的主题是"新边疆"。它也是美国研究型大学的好时期,它们已处于世界领导的地位。1994年不论对美国还是对美国研究型大学都不是太好的年头。但那并不意味着一败涂地和一去不返。人们情绪上的欢快可能有些不切实际。怀旧,包括对1932年的斯沃斯莫尔、1939年的伯克利或1963年的哈佛的怀旧,往往过于乐观。

可能发生的内部转变和紧张加剧的迹象

美国研究型大学的地位显然不如它在黄金时期那么尊贵。在内部,我在原来的戈德金演讲中谈到的一些情况已经恶化了,此外还有对本科生不够重视以及教师丧失对校园社群的认同感。关于前者,随着本科生成为学校所需收入的一种来源,学费上升可能有助于抵消关注不够而使情况有所逆转。可是,我现在比以前更关注后者,因为这本身越来越表明一些教师不愿意有效地分享共同治理的责任。在全美国,我所交谈过的校长和教务长都承认这一趋势。这也是哈佛大学亨利·罗索夫斯基的观察:"当考虑到我们更加重要的义务——教师的公民品德——规章和习俗都不再可信。……我的独特印象(或许,用"坚定的信念"这一表述更确切些)是,文理学院中教授的公民道德在长期下降。"①

对校园内部生活的其他方面的关注还在不断增长。一是在过渡时期如何有效保证在教师任命方面既要多样又要卓越,同时充分吸收各方面训练有素的人才。② 二是多样性是导向更大的社会整合还是从一度是外界强加的隔离走向校园内部越来越自愿的分化,走向更多地讲授竞争性文化甚至对抗性文化而不是更多地讲授对比较文化的理解。

第三点关注是少数学者对理性的攻击,特别在人文学科方面,古老的、追求可能真理(仍然总是潜在地受到"窜改")的"西方理性传统"③在一场反实证主义的攻击中正受到一股力量的挑战,他们更新地、更有信心地追求绝对"信念",而在这种追求过程中,"真理是被创造出来的",而不是"被发现出来的"——他们的断言太多了,而验证又太少了。第四点关注与第三点有关,是在大学内探索"真理"时追求"情感"和信念在多大程度上可以取代(或提高)在划分资源时追求"利益"。④

在一个多世纪以前,旧宗教和恪守信仰曾经受到新科学和英才教育的挑战。而现在是"西方学术传统"受到均衡发展(proportionality)和新的人道启示的挑战。这套新的挑战大大震动了学术世界的某些部分而更难以处理内部多中心的矛盾冲突。新的准宗教现在面对旧科学。

---

① Henry Rosovsky, *Dean's Report*, 1990-1991, Faculty of Arts and Sciences(Cambridge: Harvard University).

② Neil Smelser, "The Politics of Ambivalence", *Daedalus* (Fall 1933); issued as vol. 22, no. 4 of the *Proceedings* of the American Academy of Arts and Sciences, pp.37-53.

③ John R. Searle, "Rationality and Realism: What Is at Stake?" *Daedalus*(Fall 1993), pp. 55-83.

④ Albert O. Hirschman, *The Passions and the Interests* (Princeton: Princeton University Press, 1977).

此外，还有两个额外的长期趋势似乎正在发生，它们可能在资源收缩、当前做法受到更多外部批评和攻击的情况下发生更快的演变。如果这样的话，它们可能会增加紧张。我提出的两大趋势是：学术行会地位的变化以及与此有关的学术缔约形式的变化。

演变中的学术行会 教授会（the professoriate）是美国社会里遗留的行会性质的群体之一，但这个社会结构看起来还处于缓慢解体的过程之中。行会的标志有若干特点，包括入会受到完全控制，内部充分自治，不成文和非正式实行的规章管束个人的行为，退会受到控制因而身份、地位是终身的。① 这些特点中的每一个都发生了一些变化。有些是由于演变的原因而不可避免，有些是由于社会原因而必然，有些则是由于伦理原因而合宜。例如，通过授予博士学位和荣誉终身职位来控制入会更加受到监督（如在"平权运动"中）；完全自治不再可能了，能参与管理的行会成员的人数减少了；公共的行为规范逐渐失效，而须让位于个体自主的行动；终身教职获得者也要受制于诸多外部禁令（如性骚扰或种族骚扰）。侵蚀这种行会式地位的力量有些来自外部，其形式是对终身教职的获取与持续施加影响；有些来自内部，其形式是对自治的承诺以及对遵守约定俗成的行为准则的承诺加以削弱。

什么时候行会不再是行会？其后果如何？行会式的地位上溯到博洛尼亚和萨拉曼卡，上溯到巴黎、牛津和剑桥。教授会现在看来正处在离开这种历史地位的过程之中，有些调整可能是损伤性的。埃里克·阿什比，当他是剑桥大学校长和前英联邦各大学中领军型校长时，曾经提出一个问题：教授职务是否是一种"分崩离析的职业"，而它现在需要"一种希波克拉底誓言*"和其他改革。② 这个问题现在还没有肯定的答案。

---

① 关于第二和第三特点的更详细情况，见 Chap. 9, "The Academic Elite and the Professoriate: A 'Disiategtating Profession'?", and Chap. 10, "Academic Citizenship in Decline," in Clark Kerr, *Higher Education Cannot Escape History: Issues for the Twenty-First Century* (Albany: State University of New York Press, 1994).

* 希波克拉底是古希腊名医，希波克拉底誓言是后世行医医生向希波克拉底进行的宣誓，内容涉及医生职业道德。——译者注

② Eric Ashby, "A Hippocratic Oath for the Academic Profession," *Minerva*, Vol. 7, nos. 1-2(Autumn-Winter 1968-1969), pp. 64-66.

缔约形式的变化　人际关系主要以某种形式的缔约为基础,形式多种多样。如果没有缔约,就会导致纯粹的无政府状态(如果有这种东西的话)或者至少是混乱。合同具有若干种普遍形式,而这些普遍形式又具有无数变体:

显性合同:确切的,通常是书面的。

隐性合同:较不确切的,以相互谅解为基础。

不完全合同:做断续的解释和补充。

单方面的无固定期限合同:一方或另一方可以做没有约束力的单边改变。

我认为,学术缔约正在发生根本改变。在传统上,依靠的是隐性合同——依靠非正式地实行的非正式准则,这就好比在一个"绅士俱乐部"里,有些事干脆不需要做。这个制度在两个不同但又相关的方向上垮了台。

一个方向就是更加主张无固定期限合同所固有的可能性,教师可以单边地决定更改教学工作量、花在非大学职业上的时间、遵守办公时间、同意参加委员会分派的任务、愿意接受同事们的咨询、为个人目的使用机构设备等方面的内容。在这种情况下,虽然大学所要履行的义务更加全面,但教师义务的无固定期限性质受到了更积极的关注。

另一个方向(主要是一种反冲)是校方对教师义务有越来越详细的要求细则,对行政处罚和独立执法做了更多的规定。那些受制于劳资谈判的学校,它与教师签订的合同尤其越来越多地向这个方向发展。最终可能是管理部门坚持这种双边合同——这就像一个社会:对教养改造制度有更多的法律和强调。

这一切可能都是不可避免的,虽然我愿意认为这其中可能还有自觉选择的因素。我自己的观察是:有信心主要依靠非正式准则和隐性合同的组织都是更有效率的和更令其参与者满意的。可是,缓慢的趋势似乎正在走向更为标准的产业式雇用合同的方向。

总的说来,校园可能正处在并入社会,为社会同化、整合和均质化的最后阶段的早期——不再有"象牙塔",不再有"市民和学者"。

取得外部资源日益困难

可是,最大、最新、最当前的紧迫关注针对的是美国高等教育(包括研究型大学)在当前和未来的外部财政资助这一问题。对资源的这些关注包括以下方面:

一、在1963年,以及从第二次世界大战结束到20世纪70年代初的整个时期,美国的生产率以每年3%的速度上升。这一速度降至2%(这是1860年以来的历史水平)然后更近期降至1%。以3%的水平,生产率(以及随后的潜在生活标准)在25年内翻一番;以2%的水平生产率翻一番需要40年;以1%的水平生产率翻一番需要75年。获得能满足国家需要的新资源,已大大减少。应当看到,生产率是非常难以捉摸的。我们没有很好地衡量它(有些活动是"无法衡量的"),而我们所衡量的又是我们无法充分了解的。[1] 结果,预测是很冒险的事。它们之所以很冒险还因为生产率的主要组成来源在增加,"知识的进步"是固有地无法预测的。可是,看来当前对生产率变化的衡量也可能低估了实际的增长,特别是因为它们并未充分考虑产品与服务的质量在改善。另一方面,不祥的是,按新专利计算的研究开支的生产率已大大下降。正如保罗·克鲁格曼所言:"生产率并不是一切,但长期来看,它几乎是一切。"[2] 无论如何,我们不能再指望50年代和60年代所设想的"充裕从此常在"[3]。

二、抗税行为使得总资源中供公共再分配的税收有一个上限。

三、对公共目的的总需求已经上升了并继续在上升:对老年人的关怀,对青年和儿童的关怀,对所有年龄的人们的健康的关怀,对环境的关怀。国家的物质基础结构已经恶化并需要得到维修。监狱费用迅速上

---

[1] Zvi Griliches, "Productivity, R&D, and the Data Constraint," *American Economic Review*, Vol. 84, No. 1(March 1994), pp. 1-23.

[2] Pawl A. Krugman, *The Age of Diminished Expectations* (Cambridge: MIT Press, 1994), p. 9.

[3] See the discussion by David Riesman in the introduction to his 1993 edition of *Abundance for What?* (New Brunswick, N. J.: Transaction, 1993), p. XX.

升——过去10年中在加利福尼亚州总经费中从4%上升到8%,而高等教育费用则从13%减少到9%。(就全国而言,教养改造的国家支出上升了40%,而高等教育开支则下降了4%,见表3。)在福利国家内,战争,即对稀缺资源分配与再分配的一场大规模争夺,在加剧。加利福尼亚州一位前财务总管称它为一场"刀枪战",他看到"高等教育战没有刀枪"。

表3 各州对公立学院与大学拨款的变化,
1991—1992年至1993—1994年(对通货膨胀因素做了调整)

州	百分数变化
加利福尼亚州	−29
蒙大拿	−15
俄勒冈	−12
路易斯安那	−9
佛蒙特	−9
南卡罗来纳	−8
康涅狄格	−7
肯塔基	−7
北达科他	−7
弗吉尼亚	−7
阿拉斯加	−6
缅因	−6
俄克拉荷马	−6
密歇根	−5
怀俄明	−5
印第安纳	−4
明尼苏达	−4
内华达	−4
纽约	−4
宾夕法尼亚	−4
亚利桑那	−3
爱达荷	−3
特拉华	−2
俄亥俄	−2
华盛顿	−2
马里兰	−1
内布拉斯加	−1
西弗吉尼亚	−1
伊利诺伊	0

(续表)

州	百分数变化
堪萨斯	0
密苏里	0
罗得岛	0
科罗拉多	+1
新罕布什尔	+1
新泽西	+1
阿肯色	+2
威斯康星	+2
亚拉巴马	+3
佛罗里达	+3
夏威夷	+3
爱荷华	+5
犹他	+5
新墨西哥	+6
北卡罗来纳	+6
南达科他	+6
得克萨斯	+7
密西西比	+10
佐治亚	+12
田纳西	+12
全美国	−4

马塞诸塞州的数字,由于学费政策的改变而无法与以前的数据相比较。

资料来源:《高等教育年鉴》(*Chronicle of Higher Education*)第40卷第10期(1993年10月27日),第A29页。根据伊利诺伊州立大学爱德华·R.海因斯与格温·B.普鲁因集编的数据。

四、国家在过去若干年中遭遇长期经济衰退,这削弱了高等教育,并造成未来公立高等教育机构每年所获资助的统计基数较低。

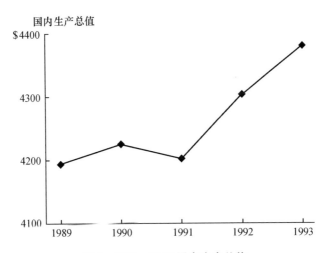

图 1　1989—1993 国内生产总值
（按 1982—1984 年不变价值美元计算，单位：10 亿美元）
资料来源：《现代商业概览》(Survey of Current Business)，各年。

由于上述情况的结果，各州给予公立高等教育机构的经费总体上已大大降低(50 个州各自有许多不同原因，见表 3。)近些年来即使国内生产总值上升了，但各州拨给高等教育的经费却下降了(见图 1、图 2 与表 4)。各州给高等教育的支出越来越"随意"。

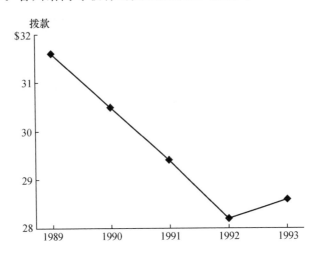

图 2　1984—1993 年各州高等教育拨款
（按 1982—1984 年不变价值美元计算，单位：10 亿美元）
资料来源：《葡萄藤》[Grapevine, no. 392(November-December 1993) Table 1.]

表4　1990—1993年国内生产总值及州高等教育拨款的变化
（1982—1984年不变美元）

年份	GDP 百分比变化	州高教拨款百分比变化
1990	0.7	−3.5
1991	−0.55	−3.6
1992	2.4	−4.1
1993	1.8	1.4

州拨款资料来源:《葡萄藤》(*Grapevine*, no. 392, November-December 1993. Normal, IL: Center for Higher Education, Illinois State University.)

很快,学生的第二次浪潮将袭来(1997),并大约在2015年继续袭来。这一次浪潮的额外学生大约是第二次世界大战以后第一次浪潮之绝对数的1/3,但增加比例会小得多——大约20%而不是200%。无论如何,数量还是可观的,全国或许有300万学生,有些州会增加多达50%。在其他州可能没有增加,甚至可能减少。像第一次浪潮一样,第二次浪潮将直接冲击社区学院、综合性的学院和大学,这种冲击更甚于研究型大学,但州(与联邦)对社区学院、综合性的学院和大学中学生入学的资助,比起对研究型大学全面的财务资助,则间接地更具竞争性。

自从1953—1958年以来,联邦给大学研究的经费一般都放慢了增长率(见图3与表5)。未来的前景不定。把冷战当做赞成经费资助之无懈可击的论据已经过时。可是,"商业关系"将继续成为更重要的因素。[1] 特别是,联邦与州对第二次浪潮学生的资助怎么能与对研究的资助相竞争呢?教师数量的增加需要赶上学生数量,而这将如何影响每个教师所得到的联邦研究经费呢?

---

[1] 见以下书中的讨论:Frank Press, "Science and Technology Policy for the Post-Vannevar Bush Era", in Stephen D. Nelson, Kathen M. Gramp, and Alfred H. Teich, eds, *AAAS Science and Technology Yearbook*, 1992, Committee on Science, Engineering, and Public Policy for the American Association for the Advancement of Science (Washington, D. C: American Association for the Advancement of Science, 1993), pp. 3–15。

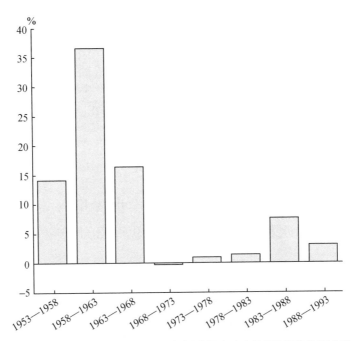

图3 联邦政府对大学与学院(不包括联邦实验室)研发经费的百分数变化(不变美元),1953—1993年,每5年为一个时间段。

资料来源:根据美国国家科学局《1993年科学指数》(U. S. National Science Board, *Science Indicators 1993*, Appendix Table 4-3, "U. S. R&D by Performing Sector and Source of Funds")计算。

表5 联邦政府对大学与学院研发经费的年度变化
(按五年期的平均数)1953—1993年

年代	百分数变化
1953—1958	14.1
1958—1963	36.6
1963—1968	16.4*
1968—1973	−0.2
1973—1978	1.0
1978—1983	1.4
1983—1988	7.6
1988—1993	3.1

*不变价值美元数额,见第6章(原书142页)

资料来源:同图3。

也许可以说,一类巨型大学(全国一级的联邦富裕户)已让位于二类巨型大学(州一级的贫困户)。其结果是,二类巨型大学正面临着资源问题上游击战的加强——游击战总的来说是在福利国家内各竞争者之间,更具体的是在校园内部、校园之间、多系统之间以及争取竞争性预付款的公立校园与私立校园之间。就后者而言,私立学校一般更有利,因为它们较少依赖州拨款,但它们也受到公立学校更积极地进入竞争性私人筹款的威胁。二类巨型大学生活在一个"每个人斗每个人"的更加霍布斯式的世界里。

在不久的未来,大学世界里四种可能的对峙(1997—2015)

后果将取决于不同的预设:

一、**如果**生产率增加速度没有大量、持续的上升;

二、**如果**反对加税的造反持续下去;

三、**如果**福利国家内的许多强有力的要求者继续提出增加公共开支的竞争性要求,并且这一要求广泛地将教育和公共安全也包括在内;

四、**如果**新学生的第二次浪潮并不消失呢?潜在的额外学生大多数已经出生。但不能确定因大学入学而造成的收入差别会发生什么情况。大学入学在80年代的上升充分抵消了预期的"人口萧条",就像大学入学在70年代的下降造成了"美国人受教育过多"的说法。而且,也不能确定学费上升可能对大学入学造成什么影响,这些影响可能很大,特别是对社区学院,但对研究型大学影响较小。

如何评估这四个"如果"将决定未来的预期前景,而评估是不一样的。我自己的评估是,这四个领域都对高等教育具有固有的消极含义,而且它们互相促进。如果这样的话,那它肯定会对研究型大学和整个美国高等教育都产生严重后果。

以下我将更具体地评述国家资助对研究型大学的影响。

对峙之一:教授会面临资源短缺

美国的研究型大学和整个美国高等教育一起,都受惠于长时期的学生人均资源与开支的不断上升(见图4与表6)。(请注意,开支的这种上升尤其突出,因为现在更多的学生是在低花费的社区学院里。)这些额外的资源有可能极大地改进图书馆,并更多地提供指导学生就业、保健、学术机会的方便条件,特别加强(更有利于教师而不是本科生的)专业课程,提高教师的实际薪水,即使他们自己可衡量的劳动绩

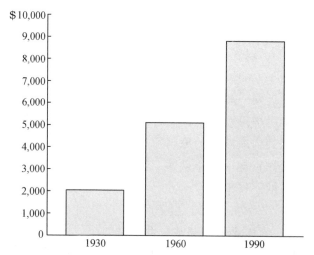

图4　按照估计美国高等教育中相当于全日制学生人均开支(教育开支与一般开支)的上升浪潮(按1982—1984年不变价值美元计算)

资料来源:美国教育办公室;美国教育部;《教育统计摘要》(*Digest of Education Statistics*),各年。

表6　按照估计相当于全日制学生人均开支(教育开支与一般开支),1930—1990(按1982—1984年不变价值美元计算)

年份	开支
1930[a]	$2,050
1960[b]	$5,100
1990[c]	$8,800

a. 1930年相当于全日制入学数,我们设想它与按人计算入学数相同。
b. 1960年入学数为按人计算实际入学数据的83%,1970年为79%。
c. 1990年以相当于全日制入学数为基础。
资料来源:同图4。

效并未见提高。富裕促进了美国的中等收入阶层,也促进了高等教育。结果,教授会并未深刻感觉到资源紧张。而效率一般没有列为学术世界中的最高价值。

教授会没有很好地组织起来考虑有效使用资源的问题。许多涉及大量费用的决定,包括教师教学工作量和班级规模,都是在不了解筹资必要性的范围内作出的。各系往往在共识基础上活动,要达成削减费用的共识是困难的。而在各系之间,遵守参议院式的礼貌,即不去干预别人的行动是常规做法,然而这种做法可能是不合适的。

终身职(tenure),即,教师个人的终身职(the tenure of individual faculty members)以及系科和研究所一旦建立以后的永久性运行期(the tenure of departments and institutes once established),得到了高度的评价——近期一些试图削减系科与研究所的活动已突出表明了这一点。大学机构里极高比例的开支都用在人员薪酬上了,这正是系科与研究所遭到削减威胁的原因所在。

要求在使用资源时注重效率,这一点将被大学世界里的许多人视为当前最糟糕的一件事。

对峙之二:教授会的利益与公共利益

很自然,教授会通常最关心的是教学工作量、实际工资水平、教学与研究资源的充足与否,以及质量。公众很自然地最关心学生入学和低费用。许多州将在维持入学率与资助研究之间进行艰难选择,而入学率很可能是公众更加看重的;在数量与质量之间进行选择,而政治压力会更偏于前者。

对峙之三:校长的责任和校长的生存

校长的责任要求,在可预见的将来使开支与资源相称,同时保持学生入学、教学与研究质量以及学校不受国家过度干预的自主权;要求集中于学校的长远福利和全面福利。校长的生存,相反依赖于不要不适当地要求关注长期性的困难前景、每年进行调整、选择那些充其量只会给当前带来最轻微抗议的调整(诸如减少工厂维修和购买书籍)、鼓励以优惠条件提早退休、推迟新任命、不进行调整而把战线推向校董——或推向校外当局,推向教务长和院长,或者留待继任者来关注。生存大大有赖于不要困扰任何现有教师。有些校长更关注责任,有些更关注生存——至今为止比例很不均等,部分原因是后者至少能生存下来。可是,前者的积极贡献将在 10 年或 20 年以后显得更为巨大——不过,这个时候这些校长通常都已经提前退休了。这些年中,校长(和校董)影响的下降往往使生存似乎是唯一现实的选择:"事已至此,我能做什么呢?"

对峙之四:对大学之魂界定过分

一般认为(我自己也这么认为),大学最重要的事务应该是:高度关注学生入学、教师质量、学校自主权。与之不同的另一种主要观点就是要在这每个领域逐渐弱化现状——总的来说就是逐渐弱化大学之魂。

如果资源源源流入,如果对公共开支没有严格控制,如果高等教育能更有利地竞争公共经费,如果构成第二次浪潮的青年人从未出生,那么对研究型大学来说,这真是一个好得多的世界。但当前的现实情况并不是这样的。当前的这个时代正受到一组新问题的考验并且要设法面对它们。有些学校和校长积极面对他们的问题,设法奋斗以求得满意的解决。他们这样做是出于学校的自豪和信心,出于他们的一些领导人迎接挑战的个人本性,出于具有高水平的决策手段,出于其他个人与组织的资源。但其他一些学校与校长在面对他们的问题时定睛一看,转身逃跑。

较之于麻烦较少的时代,在将来,领导人的品质与性格会更加重要,学校的性质也是这样——受优惠较多的私立学校比受优惠较少的公立学校重要,受优惠较多的应用科技比受优惠较少的"纯粹"或"基础"研究方向重要,位于更富庶州里的学校比位于不那么富庶州里的学校重要(见表1)。因此,如何引导?如何构成?位置在哪里?不管如何引导,不管如何构成,不管位置在哪里,研究型大学像美国所有的高等教育一样,不能逃避更有效利用资源的重要责任——这很类似医疗行业里的情形。

使情况复杂的是,较之于过去,现在教师中有更多的"自由分子",并且"自由部门"在预期情况下的活动将使受优惠较少的机构处在特别的危险之中,而受优惠较多的机构则将获得更大的好处。

第八章 艰难的选择

研究型大学,以及所有的美国高等教育,面临着一些很难做出的"艰难选择"①。迄今为止的回应主要是"谨慎的政治"②,还没有涌现一些校长"巨人"来进行领导;有多少校长"巨人"会涌现出来,确实很成问题。这些涌现出来的校长"巨人"将致力于维护学术核心反对外围,维护卓越反对平庸,鼓励更好地利用中学和进修班以及新技术来取代水平低下的校内课堂指导,实行按照事物的本来情况而不是按照普遍的政治调整做出选择性学术决定,保养图书馆和物质设备以防止其缓慢地腐坏,着眼于长远的学术福利而不是年复一年的政治生存。在这一系列事态发展的过程中,"巨型大学"的丰富多彩(multi)会以某种方式呈现出来,而在过去的丰裕时期,巨型大学往往从事了太多低质量的外围活动。

有些研究型大学已经选择了长期坚守学术质量的路线,其中,我在加利福尼亚最了解的是斯坦福、伯克利和洛杉矶加州大学。正是这种走难路的能力,使它们在过去居于领导地位,而且在未来更有可能继续如此。这些机构面临的问题是:在最高质量水平方面要保护的最重要的东西是什么,最值得做的活动是什么。它们证明,它们不但有"脑子"而且有"身躯"。而其他有些大学则热衷于进行浮士德式的交

---

① Donald Kennedy, "Making Choices in the Research University", *Daedalus*, Fall 1993 (issued as Vol. 122, no. 4 of the *Proceedings* of the American Academy of Arts and Sciences), pp. 127-156.

② 见 Kennedey。

易——沉溺于当前的诱惑真是太大了。它们把最困难的决定留给未来和外界部门,在这一过程中既丧失了质量又丧失了自主权。

有些大学将抓住机会重建一个更紧密一致的学者共同体,它们参与艰难的咨询并做出困难的决定——在资源更紧张的一般范围内它们最希望什么,它们如何能改善教学和研究,改善公民品德和道德行为。有些大学从来没有丧失作为学者们的完整学术共同体的感觉,这些学校有:普林斯顿、芝加哥和加州理工学院。它们每一个都得益于较小的规模,得益于处身所在的具体社区之中却能保有自身的特性。普林斯顿和加州理工还大大限制自身的扩张。特别是芝加哥大学具有跨越若干学科界线的对话传统。在较大的机构中,我总是赞赏哈佛、斯坦福、康奈尔、耶鲁、麻省理工、布朗、伯克利和密歇根的内聚力,我不知道是什么不传秘术使它们每家各具特色。我同样也想了解125家研究型大学中的印第安纳、教堂山、麦迪逊和弗吉尼亚——尽管它们规模不一并且活动不均质。

一切还没有失去。把联邦研发经费维持在当前水平还是能支持巨大的研究事业,这一巨大的研究事业大大超过了1963年黄金时期所能梦想的程度,而且它仍然是全世界所羡慕的。可是,仅仅维持联邦研发经费的当前水平对当前许多年轻学者设法创业将是特别困难的,也无法提供培养更多学生所需的新教师。

所有高等教育机构中的更大问题(研究型大学非常幸运地得以幸免)是接纳大量额外数目的学生。压力会指向教师教学工作量、班级规模、助教的使用、现有入学标准的维持。将会产生许多"艰难的选择",它们大多数将是校长一级要面对的,而在这个时候,校长的权力通常都遭到了削弱。但是,在接纳学生方面,"艰难选择"的最困难时期将在2015年左右结束。加利福尼亚大学总体上处在特别困难的处境,因为1960年的总体规划要求它接纳12.5%的高中"尖子"毕业生("尖子"的定义是会变化的)。因此对它而言,要通过提高入学标准来进行调整通常会更加困难。但是加州大学系统内那些已经达到增长目标的校园可以通过其他校园中的扩招来尽可能免除入学压力。对大多数高等教育公立机构来说,在某种程度上,新背景所固有的困难将从1997这个决定性的年头开始大大加剧。

与此同时，私立大学与学院几乎不会受到大批学生的压力影响，它们一般处于比较有利的地位。它们还有其他两大有利之点：（一）对非常富裕的人们大大减税，这些富人们通过为私立大学的筹款运动提供规模空前的捐款而分享到这种慷慨待遇；（二）过去 20 年间的收入再分配使小康和富裕人们的收入大大增加，收入再分配对他们的好处超过了那些中、低收入的人们，这使他们更能承担高昂的学费。私立的学院与大学更多地与正趋高度繁荣的私营经济相关联，它们一般比更多地与有困难的公有经济相关联的公立高校前景更好。有些私立学校生活在一个不同的、完全隔绝的世界里。比较有利的还有那些更多被视为"私立"的公立大学，如在密歇根州和得克萨斯州，那里没有或很少私立竞争者。在 125 所美国研究型大学中，大约 40 所是私立的，85 所是公立的，在公立研究型大学中，有几所是"公私兼有"。私立的和公私兼有的大学也有更大的校友压力和援助，它们维持了大学的质量。因此，研究型大学（和整个高等教育）的未来显得非常分叉，一个叉（私立）一般平指或上指，另一个叉一般下指——当然会有例外。

短期回应的方向（1990—2015）

未来的迹象已经出现，特别是对公立研究型大学：

一、更加私人化　更多地依靠学费。卡耐基委员会曾经提出，基于成本与收益之间的关联①，合理的总规则可以是：学生负担教育与一般费用的 1/3，特别关注导致高收入职业的级差学费。

从服务与专利权取得更多收入。

更多地注重培养校友。

从工业取得更多的研发经费。（工业给大学的研发经费在 1970

---

① Carnegie Commission on Higher Education, *Higher Education: Who Pays? Who Benefits? Who Should Pay?* (New York: McGraw-Hill, 1973).

年占联邦的 4％,1993 年占 13％。)①

19 世纪 60 年代有赠地大学,20 世纪 60 年代有我所谓的"联邦研究拨款大学",在未来可能越来越多地有"私人拨款"大学。

二、更加联邦化 亚当·斯密很久以前就提出政府责任的三大领域:防止外部与内部暴力,保护个人免受不公正与压迫(这种保护可以通向福利国家),提供包括基础教育在内的基础设施。经济大萧条为政府责任添加了新的内容:指导经济以防止萧条,以及防范随经济萧条接踵而来的通货膨胀。更晚近的时期,保护环境也成了政府的责任。特别当经济放慢时,政府又有责任促进经济的增长。后者涉及提高劳工技能和鼓励研究与发展。②

在美国,各州主要负责为本地居民提供基本技能(初等与中等教育)与先进技能,以为本地的以及地区的劳工市场做准备(社区学院以及综合性的学院与大学)。工业负责提供工厂所需的具体技能与公司所需的具体应用技术。联邦政府越来越有责任提供全国和国际劳工市场所需的高级技能,如科学、工程与医学方面的技能,以及提供基础研究和通常更有用的应用研究(研究型大学)。长期趋势是要联邦政府为高级训练与高级研究承担更全面的责任。卫生保健现已成为研究资助和高级技能发展方面最完全联邦化的领域。

对经济增长的责任意味着,除了其他许多事情外,联邦政府更有责任促进研究型大学的全面福利。随着收入增长的前景越来越不能保证,公众越来越坚持联邦政府应负责促进人均经济进展。当生产率的增加大体上有 40％依赖于"知识进步",20％依赖于技能提高,联邦政府就不能不更加关心各级教育(例如在"目标 2000"中所显示的),特别是高等教育,而且尤其是研究型大学。联邦政府还可以将津贴提供给对提高生产率最重要的领域的研究生;将更多经费提供给新研究设施与设备;增加"日常"津贴——这种津贴与提供给工业的津贴相当;增加"学术科学"经费——这种经费大体上与研究型大学"学术科学"

---

① 根据 National Science Board, *Science Indicators*:1993 (Washington, D. C.:U. S. Government Printing Office, 1994), Appendix Table 4-3 中的数据计算出来的。

② Robert Heilbroner, *Twenty-First-Century Capitalism* (New York:W. W. Norton, 1993). Chap. 4.

领域里的教师的增加数相关。

三、更多地培养一般的公共支持　赠地大学旨在为农业和工业服务。农业学院一度与州里的大多数公民接触,校园的范围实际上就是州的边界。在更为晚近的时期,许多州立大学主要专注于培养州长与立法议员而不是专注于为整个公众服务。这是不够的。现在有两个领域在提供特定的机会。一是教育:教育学院,而不是专门的文理学院,可以更好地与老的农业学院相竞争,通过进修服务与试验站来跟全州的各个学校合作。二是卫生:包括通过北卡罗来纳大学在威廉·弗赖迪校长任内有效发展的地区卫生教育中心,有医学中心的大学都可以联系本州大多数医院、医生和护士。一个重新焕发活力的赠地模式可能会拯救德国模式的州立研究型大学。

四、更加关注资源的有效使用　收取"全部费用"和提供无限的全面项目已不再是可行的基本操作原则了。费用可以受到更细致的检查。并不是所有大学都需要包罗一切领域的知识;确切地说,有些大学可能更集中于最需要的以及它们做得最好的方面。并不能明确地证明教学指导质量与师生比例确切有关,也不需要使教学工作量完全一致;事实上,它们应与各个领域创造和传播新知识的程度有关。研究型大学无需提供基本技能和补习性的教学辅导(remedial instruction),但可以把这种责任转到高中、社区学院、进修服务或电子技术类职业。设备可以更充分地得到全年的利用,而不是只利用9个月。有些学生可以得到3年学位的机会。总的说来,资源的有效利用可以得到极大的改善。

五、更加多元化的领导　上面每一点都要求更多的人做更多的行政工作——去接触校友,去服务和劝说公众,以更少的资源取得更好的成果,在联邦一级活动,在关注的领域接触每个产业和每个专业。这需要更多的大使、更多的宣传者。为了更小心地使用资源,还需要更多的预算分析员。这说明行政责任需要更大的分散,能充分根据现实更好地联系每个操作单位("一个萝卜一个坑",传统上哈佛就是这样的——虽然这会付出一些代价,使某些领域可能掉到通常的高水平以下,但哈佛正在设法纠正这个问题)。这反过来说明行政管理者要通过长期服务来进行外部联系并负责内部效率,进而说明要更谨慎地关注校长、院长和系主任的遴选。这也说明要在学院一级更多使用"教务长"来处理内部学术事务。然后,校长可能会更专注于院长和系主任的遴选,更专注于他们的协作、指导和鼓励;更全面的多元领导。更多地着重于团队领导,这就要求更加关注团队的产生。弗雷德·鲍尔德斯顿把对这些思考的关注称之为"功能专长的平衡""相互间的高度信赖"和避免为了功能性成员的利益而"割裂"行政管理的"倾向"。[①]这说明校长应善于建立和维持他或她所遴选出的团队。

六、更加关注长期的发展方向 我避免使用"计划"一词。第一,因为外部条件可以迅速变化,并且有许多不确定因素。第二,因为"计划"暗示着大学机构存在着一种"最佳"未来。活动那么多,成员那么多,不可能精确地规定最大"福利"。第三,我避免使用这个词,因为大学内部变化很慢。教师有终身教职,并且教学与研究单位一旦正常地运转开来至少就有权继续发展下去。学术人员和活动的变化,除快速增长期以外,通常是在大约年均5%以下的范围——大学不会因为当前无利润或有重大解聘情况而没有业务或取消重大活动。换句话说,任何时候只有一小部分活动是在积极地竞争资源。

但是,可能以长期的目标来引导短期的渐进变化,即意识到近期什么更加重要、什么较不重要。也可能以良好的咨询和决策来选择长期的发展方向。这些进程需要补偿许多校长的短期视野。这说明校董与教师要大量地参与长期领导;也说明校长要有较长的任期以使他们的视野与他们学校的视野之间趋于一致——哈佛大学的惯例是20年。

长期方向的内容可以包括:

  在机会平等基础上改善入学
  专注于核心领域
  使教师薪酬具有竞争性
  维护图书馆和物质设备

---

① Frederick E. Balderston, "Leadership and the Presidency," Chap. 4 of *Managing Today's University*: *Strategies for Survival*, *Change and Excellence*, second ed. (San Francisco: Jossey-Bass, 1955).

以高质量的大学行动来保护学校的自主性(几乎有一半的州最近在调查如何影响或者直接控制教师的教学工作量)

七、考虑保护"非市场"(non-market)功能 高等教育正越来越多地以市场为取向——学生市场、研究市场、服务市场。但是对一个大学来说,这是不够的。具体的实际市场并未说明大学关注的所有社会需要。这类非市场需要包括:训练良好的公民道德,提高毕业生的文化兴趣与能力,提出对社会的批判(我们希望是从学者的角度),以及支持没有早期金钱回报的学术成就,如果该学术成就能产生金钱回报的话。大学的有些社会功用是超越市场买卖的,因此有必要鼓励大学发展其非市场性的"一般用途"(general purpose)。

从审慎的乐观到审慎的悲观,再到审慎的乐观。原因何在呢

长远来看会怎么样?这主要是猜想。像过去那样,未来必定会有一些"乱打的牌"——第二次世界大战就是这类"乱牌"之一,正如60年代的学生造反、80年代没有出现的"人口衰退",以及大约70年代以来生产率停止增长都是"乱牌"——这些都是没有预见到的或者大体上没有预见到的事态发展。

我们现在可以清楚地认识到的**最大不确定性**是,经济体的生产率会发生什么变化。这方面最大的消极力量是"手艺性的"职业("handicraft" employment)(如在卫生保健和教育方面)的份额在上升,它们现在占全部就业的75%,而那些注重提高生产率的职业(如在农业、工业和交通方面)的份额在下降,现在占大约25%。最大的潜在积极力量是进一步的"知识进步"(或许特别是在可用能源、新材料和生物技术领域,这些领域中每一个的进步几乎可能是无限的)和进一步对电子技术可能性的开发。能有诸如过去铁路那样的另一次"转型性"发展,将是非常有帮助的。

然而,有一件事几乎是肯定的,那就是:鉴于研究型大学对知识进

步、提高技能方面的贡献,它们对社会的维护和可能的改善将具有越来越大的重要性。它们将继续是国内最必需的机构之一。弗兰克·普雷斯指出,美国在世界性竞争中具有的最大有利条件是,我们有"世界上最多的和最训练有素的科学家和工程师力量。……这使得我们比其他人更能利用新兴技术并收获它们所创造的财富"。他提出了这样一个问题:只按照经济发展的同样速度支持科学与技术的增长,"对今后是否适当"。相反,我们应当"利用我们在科学与技术方面的领先地位"。① 我要加一句,这意思是说,我们应当"利用"我们的研究型大学。有人已经说过,生产率不是全部,但几乎没有什么其他事物有那么重要了。回复到年均增长3⅗的生产率将是治疗高等教育大部分当前疾患的神奇良方。

在生产率未来情况之外的**第二个大的不确定性**是,国家是否真的将充分利用它的最大资产之一。幸运的是,这更有可能了,因为联邦"学术科学"资助占国内生产总值的很小部分——不到0.2%。因此,它更易于提高而无损于国内生产总值的其他用途。但是,联邦当局与州当局在实践中将给研究型大学什么优惠,仍然悬而未决。请注意这样一个事实:联邦助学经费在一定程度上与联邦学术科学经费相竞争,而第二次浪潮将大大增加对联邦学生入学助学金的要求。正像各州当局一样,联邦政府将面临这样的问题:高等教育内部各方都要求联邦在提供资助时能优先考虑自己,而高等教育以外的诸多方面也在竞争联邦资助。联邦政府将优先考虑什么呢?

随着社会发展,大学也在发展,但随着大学发展,社会也在发展。知识进步仍然是文明进步的中心。但是在可预见的未来,研究型大学有另一个黄金时期,却没有可保证的当前前景。

第三个大的不确定性是,新的资源制约如何与当前可能发生内部衰败的迹象以及第七章里提到的紧张加剧相缠结。校园的内部生活

---

① Frank Press,"Science and Technology Policy for the Post-Vannevar Bush Era,"in stephen D. Nelson, Kathleen M. Gramp, and Alfred H. Teich, eds., *AAAS Science and Technology Yearbook*, 1992, Committee on Science, Engineering, and Public Policy for the American Association for the Advancement of Science (Washington D. C.: American Association for the Advancement of Science, 1993), pp. 8,9,10,13.

可能永远不会再同样了；教授的聘用形式如此与众不同；教授会如此自主。未来的研究型大学如何有效地运作呢？至少，在此刻，大学世界并未开始设法控制自身的未来，即便是在它具有潜在影响的范围之内。

如果我要加上**第四个不确定性**，那将是：新电子技术所大大改善的硬件与软件是否最终会像它已渗透进研究与行政那样开始渗透进教学；曾被很有信心地预期的"第四次革命"①是否会最终发生。迄今的经验说明，每个新技术增强了而不是完全取代了以前的技术——口头讲课增强了学徒经验，书面文字增强了口头语言，印刷增强了手写，看来很可能"芯片"将增强而不是取代以前进行的所有方法。

现在我对于未来不如 1963 年时那么肯定了。当时我注意到演讲中"普遍的乐观语调"。它们普遍地是乐观的，但那种乐观是一种审慎的乐观。我看到了前头的危险，但是对美国研究型大学迅速上升的至高地位并无巨大的不确定性。30 年后，我有了疑问：

一、国家生产率将发生什么情况？

二、在现有的资源分配方面，美国社会将给予整个高等教育和更具体的研究型大学什么样的优惠？

三、高等教育，包括研究型大学，将通过富有闯劲的而又明智的方式进行回应来掌握自身的未来吗？

我对当前时期(1990—2015 年)抱有"审慎的悲观"，我在上述的讨论中已经指出了原因。然而，对长远的未来我回到了"审慎的乐观"，因为在第二次浪潮的问题过去以后，我主要期待着回答上述第二个问题：美国社会将优先考虑高等教育以及其中的研究型大学。其次期待着回答上述第三个问题：我们的高等教育机构将对新的背景做出至少是令人满意的回应。

我的态度已经从审慎的乐观转变成审慎的悲观，但我仍然是一名不谨慎的空想主义者：我相信我们能成为"一个由普遍受教育的人民

---

① Carnegie Commission on Higher Education，*The Fourth Revolution*：*Instructional Technology in Higher Education* (New York：McGraw-Hill，1972).

所组成的国家"①,我们的高等教育机构将找到更好的方式使"老师与学人"在各种学术共同体中联结在一起,使老师们在更激烈的专门化之间和之中在思想上联结起来。

这一切如何实现呢?我们不知道。研究型大学对社会更加重要了。然而高等教育为了做出重大贡献需要得到资助,而它在这方面就面临着资源的争夺。我们对研究型大学的需要更多了,但给它们提供资助的能力可能更少了。前景的这种冲突是基本的现实。现在的历史转折会使大学走哪条路:向上还是向下?有意识的选择和行动将起什么作用呢?

原来的戈德金演讲以下面这句话结束:"这就是大学之用。"它们仍然是大学之用——更好的知识,更高的技能,并且它们都变得更加重要了。如果,长期而言,对监狱的公共投资继续比对大学的投资保持更高的相对优先权,如果在大学内部维持现状优先于对入学、质量和自主权的大胆承诺,那将是悲哀的局面。但是美国的高等教育建立在三个半世纪的胜利之上而不是悲剧之上。过去的胜利回应的是新的机会和额外的资源流,而在当前和未来环境下的进一步胜利却不大可能。而且,完全可以理解的是,高等教育正在更缓慢和更犹豫地回应当前的挑战。可是,我仍然深信,长远的命运是:如果不是进一步的胜利,至少是一系列满意的回应。

有一些是确定的:大学将继续发挥重要的用途;社会"不重视智力的培养就注定要被淘汰"(这是我在结束很久以前的系列演讲时所引用的艾尔弗雷德·诺思·怀特海的话);现在我谨慎地加上一句:大学如果首先不是充分地致力于继续推进智力的培养,就注定要被淘汰。

---

① Howard R. Bowen, *The State of the Nation and the Agenda for Higher Education* (San-Francisco: Jossey-Bass, 1982).

第九章 狐狸世纪的"才智之都"?①

1963年,我在哈佛大学的戈德金演讲中把美国的研究型大学称为"才智之都"——有着多种多样活动的一个非常忙碌的地方,许多活动相互无关,而且我猜想了它的未来。②我选择"才智之都"这个词来对比研究型大学和文理学院的"村庄",后者是由亲密的朋友与同事组成的,有农学院、法学院和医学院等"单个产业"的乡镇,在多科技术方面独立或合作,一心专注于一个专业或产业。

20世纪是才智之都的宏伟世纪。这个世纪,黄金的世纪,现在已经过去了,永不会重复。我很高兴再次有机会玩猜测未来的游戏,虽然我知道这是一项只在非常特殊情况下才会赢的游戏。我的1963年演讲碰巧赶上了那种具有特殊情况的时代。那些演讲结果却很有先见之明。我不相信它们的先见会在2000年重复,但是设法前瞻可能有一些价值,譬如有助于识别要挑选的领导人类型以及他们可能遭遇的问题。

1963年的演讲也是部分庆祝性的。"巨型大学"对于国家的进一步工业化,对于生产率的惊人增长和随后的繁荣,对于人类生活的大力扩展,以及对于全世界军事与科学的至高地位,是起着核心作用的。在1963年,我曾根据美国的观点写道:"未来的浪潮可能更近似于中

---

① 这篇论文最初是在2000年2月17日河滨加州大学的"才智之都的未来"会议上提出的。会议由河滨加州大学社会学教授、思想与社会研究中心主任斯蒂芬·布林特组织。

② 见第三章。

产阶级民主,它具有一切自由,能在多个层面上使用才智。"20世纪80年代末有理由把"可能"改成"肯定"。美国的领导地位开始建立在"更好地使用才智"之上,而且,"更好地使用才智"首先是通过研究型大学才得以实现的。

1963年的形势 但是1963年的演讲也指明了现代大学的病患,提出了第一个有关其固有疾病(有些是严重的)的全面单子:

联邦政府对学术活动的方向日益加强影响,值得注重的是当时仍然以大规模杀伤性武器为方向。

把自然科学提到人文与社会科学之上,在学术生活的"硬"方与"软"方之间以及"富裕"与"不太富裕"的参加者之间造成日益加大的差距。

重视研究与服务超过重视教课,尤其忽视本科生,造成了校园从内部教学指导转向外部服务活动——这是一项重大的转向。

产生了一个教师企业家的新阶级,他们追逐联邦资助与慈善资金,而不再是往昔隐退的学者。还产生了一种新型的行政管理者,对他们的衡量,一方面要看他们能吸引到多少经费,另一方面要看他们对教育政策问题的忽视多大程度上是无害的。讲授道德哲学的校长让位给了毕恭毕敬的校长。

与此同时,联邦政府开始关注更大的机会均等,校园在规模上扩大到两倍、三倍,并建立了许多新校园。有些观察家把扩大的校园称之为"巨型校园",以比拟巨型都市。在高等教育中,才智之都是联邦化程度最高的。

我1963年对新现实的描述在许多学术界人士看来是反叛性的。戴维·里斯曼在对我的演讲所作的一篇评论中说,我对美国的教授会举起了一面镜子,有些教授不喜欢其中所反映的图像就试图砸了那面镜子,有些学生也这样做。[①] 但是别的人也举起了反映类似图像的镜子。在1963年发展起来的成功与疾患现在已人所共见。

我怎么就成了最先探索这个新世界的人们之一呢?开始时,我被

---

① David Riesman and Christopher Jencks, *The Academic Revolution* (New York: Doubleday, 1968), p.17.

要求做些演讲,我就谈了我知道的事。我所知道的是一个巨大的、在全国范围内不断提高其竞争力的大学在急切地回应千百亿美元的联邦研究经费,包括许多军事研究经费。当我在该大学内担任一个校园的校长时,我每周的办公时间里都有一个下午开放给学生来访。许多学生来了。我从学生那里听到许多抱怨,他们入学是想从诺贝尔奖得主那里接受教诲,但是主要只见到了助教——有些助教甚至不会说英语;有些是关于班级太大和"正/误"题考试的抱怨;有些是关于知识割裂成许多小片而使"自由教育"只能困难地拼拼凑凑的抱怨;有些是关于太多养父母式规章的意见。总之,各种各样的抱怨连续不断。

我向一批很复杂的听众做这些戈德金演讲。我不能做一篇夸耀高等教育、特别是夸耀自己学校的那种通常的校长讲话。我想我必须比那种讲话更加现实和较少喜庆应景。伯克利的历史学教授亨利·梅把我的这些演讲称为美国大学校长写过的"最考虑不周的"演讲。[①] 我据实陈述当时所看到的美国高等教育,这是不够慎重的。

可是,我但愿再次能对未来事态有先见之明,但我不能。首先,我已离开一个领军型大学的行政管理职务很久了。而且我已不再接触学生生活了。可是更重要的是,我想对未来有清楚的看法,现在已是难乎其难,或许是不可能的事。我们生活的时代里有太多的不连续性、太多的变项、太多的不确定性,这几乎是今天任何一位大学校长都能证明的。

我在1963年所做的就是指明当前美国高等教育中的三大影响并指出其可能的后果。我这样做是很有把握的,而不是在做预测。这些影响是明显的。一是高等教育开始普及性招生。第二是由于联邦政府在第二次世界大战开始之时就决定把科学研究的基础放在大学里而不是建立它自己的实验室或者只依靠工业。第三是现有资源的加强。巨大的挑战就是要尽可能迅速而有效地把它们结合到一起。

高等教育承诺要普及性招生是从19世纪60年代的赠地运动开始的,它由此向一个农业国的农民子女敞开了大门。第二次世纪大战

---

① Henry May, *Ideas, Faith, and Feelings* (New York: Oxford University Press, 1983), p.96.

以后的士兵权利法案对此有巨大的推动。利用这一项目的一半学生来自其家人从来没有进过大学的家庭。劳工市场则做好准备吸收那些毕业生。

我参与制订了加利福尼亚高等教育1960年总体规划,它保证每个高中毕业生或者其他有资格选择上大学的人都能进入大学。加利福尼亚是作出此种承诺的第一个州。然后,20世纪70年代,我担任主席的高等教育卡耐基委员会致力于获得联邦拨款资助,为有需求的学生支付上学费用,并且坚持认为平权运动具有诸多优点。

对入学需求的不断增加导致社区学院大增和师范学院改成科技学院。高等教育入学数在1955—1970年的15年间增加了3倍。美国高等教育曾经是进入神学、教育学、法学与医学等历史悠久的专业的港口,曾经是进入高级社会地位的港口。现在它成了进入新经济的港口,它把高度的优先权给予了形式众多的"人力资本",给予了中产阶级。

高等教育差不多只是一个巨大的、变化中的劳工市场的附属品。在美国,高等教育始终是以职业为取向的,原先的文理学院训练人们进入牧师、教书、法律和医疗等工作。到20世纪70年代,我们甚至被告知要接受"教育过度的美国人"时期的到来,这是理查德·弗里曼一本著名的书籍里所描述的——过度的教育是为了满足劳动力的需求。由于一系列经济衰退的到来,对受教育人士的需求在下降。随着60年代毕业的学生浪潮进入劳工市场,随着更多妇女进入劳工市场,供应在不断上升。大学学位的经济回报骤然降下来了。然后,在80年代,由于大学学位的经济回报提升到了闻所未闻的水平,人们所担心的"人口萧条"(也就是说,由于人口中18~24岁青年的数量减少而使入学人数下降)因而一直没有出现。许多学生进大学是为了职业训练,而不是寻求人生哲理,这是阿斯廷调查所表明的。[①] 工程、企业管理和计算机科学的入学数大增,而相关系科都成为校园中最有主宰力的系科。大学越发不再是精英分子的专业性的、阶级取向的机构,而

---

① Eric L. Dey, Alexander W. Astin, and William S. Korn, *The American Freshman*: *Twenty-Five Year Trends*, *1966-1990* (Los Angeles: Higher Education Research Institute, UCLA, 1991).

更多是大众的一个市场取向的工具。这是一个基本的结构重组。

第二大影响的出现,是由于联邦政府决定通过大学来推进基本的科学研究。这有一些其他的替代选择,包括像苏联和法国的政府部门以及像日本的私人工业企业。关于战后时期的重大文件是万尼瓦尔·布什1945年写给总统的报告《科学,无尽的边疆》。[1] 联邦政府是求婚者,研究型大学中的教师则是心急如焚的未婚少女。旧的教学型大学几乎一夜之间都变成了研究型大学。研究型大学在第二次世界大战末大约有十几所,其中尤以麻省理工、芝加哥和伯克利为代表,到20世纪末则剧增到100所。

教学型大学蜕变成"研究型大学",这是说教师中许多人都把他们主要的注意力集中在研究上而不是在教课上。[2] 教课负担从他们的历史状况下降了一半或更多,不但在联邦政府大力资助的领域里是如此,而且在整个高教领域都是如此。讨论教育政策以及课程的全校教师委员会消亡了。教师在大学里的影响取决于他们获得的联邦研究经费。物理与化学影响增加,英国文学则落败了。出类拔萃的研究型教授成了世界公民。

教师们急切地回应新的市场。只要有可能,他们就倾向于获取联邦研究费和工业咨询费。教师的薪金多少(就像教学工作量的情况)在传统上是基于"内部公正"的政策,而现在则更多取决于外部市场的其他机会。这造成了许多兴奋和许多怨恨,但也带来了教师质量的改善。

行政管理者更是时常离开校园去为他们大大扩张的事业追逐资金。学校越来越多地按教师人均"财政资源"的多寡来排列名次。曾经以宗教道德、自我学术兴趣或阶级地位为取向的学校现在则越来越多地以市场,即卡尔·马克思所谓的"现金交易关系"为取向。

这两大发展,普及高等教育以及教师从教课转向研究,有着许多

---

[1] *Science, the Endless Frontier: Report to the President on a Program for Postwar Scientific Research by Vannevar Bush* (Office of Scientific Research and Development, Washington: U. S. Government Printing Office, 1945).

[2] Robert Nisbet, *Teachers & Scholars: A Memoir of Berkeley in Depression and War* (New Brunswick, NJ: Transaction Pablishers, 1992), p. 201.

反响,我在1963年演讲中犯了一个大错误:我预见到学生要造反,但我错误地判断了它的性质。我以为造反是基于教师关注研究而忽视了学生。这种忽视是一个背景因素,但不是学生积极分子矛头攻击的主要对象。正如教师们把他们的注意力从校园转向联邦合同和咨询费,学生自行把他们的注意力转向外部的兴趣,特别是民权和越南战争。我的确说过:"少数离经叛道者心中想着另一种造反。他们要把大学按照拉美或日本的模式变成一个堡垒,他们可以不受惩罚地从那里出发去进攻社会。"①学生入学人数的巨大扩增把可能的小规模进攻变成了大规模冲击。

与高等教育所受到的这两大影响一起出现的是一个空前的繁荣时期。每小时工作的生产率增长上升到年均3%,因此有可能在仅仅一代人的时间内使累计的人均商品与服务流量翻一番,这导致了富裕的迅速提升。这也使资金流入有可能三倍于高等教育的机构建立,并使大学科学的资助款增加许多倍。这也有助于为大学毕业生创造新的就业。

这三种力量使得美国的高等教育有可能出现整个历史上最好的(但仍然不是完美的)时期,尤其是使研究型大学名声大振。普及高等教育、大力强调科学研究和高度繁荣,三者一起把美国高等教育提升到最前方和新社会的最前沿,使它在这个世纪的其余时间里一直处于人类进步的中心,虽然程度上有所减少。而这三股力量也把美国的高等教育推到全世界高等教育的最前列。

20世纪也是殖民地人民、全世界独裁统治下的人民、妇女和学生的伟大解放世纪。旧权威崩溃了,或者顺应了社会和校园。

新世纪　现在是2000年,我们面临着下一个入学浪潮,士兵们的孙子孙女的入学浪潮。我们还面临一个新的、相当不同的世纪。直到大约300年以前,未来是显得绝对确定的——未来是过去的重复。后来,对持续物质进步的保证主宰着未来。现在,在21世纪开始时,这种进步的保证对有些人(包括我)来说已让位于一种领悟:我们害怕核弹、环境恶化、人口爆炸、DNA处理、可能爆发的原子与生物恐怖主

---

① 见本书第60页。

义,以及其他许多事。① 人们还领悟到美国高等教育的未来在影响一切计划。

20世纪60年代时,我们对高等教育的进步抱有信心。我们为今后20年、30年、40年做计划,确信它们会实现。现在计划的时间视野是3年、5年或10年。现在谁敢以我们在1960年加利福尼亚大学发展计划中同样的确信来展望40年以后的未来呢?那会是多么大胆、多么狂妄!并非出于偶然,1960年的计划是为直到2000年的时期做打算的,它在许多方面都实现了。②

我觉得,除了一般的领悟以外,还有若干原因说明为何今天比60年代更难以提出一项有保证的未来视野以及更难以制订计划:

首先,我看没有三股力量会像普及高等教育、大学接受推进"无尽的边疆"任务以及空前繁荣那么互相一致、有支配力和受人欢迎。可是,对研究的新的强调和对教课的旧的强调却不是我们开始设想的那么一致;它们在本科生一级不一致,但在研究生一级并非这样。洪堡模式认为,只要参与研究,教课始终能得到各方面的改善。情况不是这样。有关本科生培养的教育政策被人们忽略了,而且许多本科生教学工作转给了助教。

大学内的权威在制订计划方面甚至比以前更受约束——受到政府、法院、教师、学生的制衡。

对公共资源(包括医疗、初等教育与中等教育、控制犯罪等方面)的竞争比在60年代时更多了,因此必须把更多的注意力集中到为高等教育的运作获取财政资源上,而把较少的力量放在未来的计划上。

或许最重要的是,高等教育正在出现500年来第一个伟大的技术变革——电子革命。与基本的技术变革接触较晚,是大学为什么是西方世界里过去500年来变化很小的主要机构的主要原因。农业、交通、工业和军事都被新技术推进了。现在轮到高等

---

① Robert Heilbroner, *Visions of the Future: The Distant Past, Yesterday, Today, Tomorrow* (New York: Oxford University Press, 1995).
② Clark Kerr, *The Gold and the Blue: Academic Triumphs*, vol. I(Berkeley: University of California Press, 2001), Chapter 12.

教育了。现在细谈电子革命将如何影响高等教育尚为时过早,但这个问题很可能是十分激动人心的。①

还有更多的矛盾的变项,更多的不确定性,更多的制衡,更多不受欢迎的发展。唯一可确定的就是不确定性。

对 21 世纪的领导:刺猬还是狐狸? 这使我要问我们应当怎样对待下一个世纪——根据以赛亚·伯林的著名论文,当"刺猬"还是当"狐狸"。②"狐狸知道许多事,但刺猬只知道一件大事"——或者知道或许两件或三件。刺猬"把每件事都联系到一个核心的现象",联系到"一个单一的、普遍的组织原则,只根据它,所有做的、说的都有意义",而狐狸则"追求许多目标,而且这些目标往往都是互不关联的,甚至是相互矛盾的",它们"各自生活,活动,接受种种离心的而不是同心的思想,它们的思想是分散的或扩散的,趋向许多层次,抓住各种经验与目标的实质",因而无法融成一个"整体一致的内在观点"。刺猬往往"说教"——"充满感情,几乎着迷";而狐狸则"狡猾"——聪明,甚至狡诈。总之,两者的不同在于:秩序对混乱;单一对多样;大视野对调整各种各样非预见的事件;确定性对不确定性。③

以赛亚·伯林不是一位自然主义者,我也不是,但我是宾夕法尼亚州东部的一个农民的孩子,常与刺猬和狐狸之类打交道。我想,这两类动物都同样地拼命找食物,常常挨饿。我想,它们谁也不想大事或小事,除了想食物。但是我的确同意伯林对大视野的情况和性格以及许多小项目的情况和性格所做的区分,因此我将继续使用伯林的用语,虽然这违反我的自然主义现实观。

在 20 世纪 60 年代,我们许多人都对活动着的三大力量抱刺猬的观点:普及高等教育,通过科学带来进步,不断促进生产率的增长。我们是对的。但是我们也都戴着眼罩,只能向前直视。我也常常忽略了

---

① 关于信息技术革命如何加入以前的"普及高等教育"革命并迅速推动它,关于美国如何在历史上因适应这两种革命而受益,这方面的出色讨论请看 Martin Trow, "From Mass Higher Education to Universal Access: The American Advantage", *Minerva* 37 (Spring 2000), pp. 1-26, 又见 Martin Trow, "The Development of Information Technology in American Higher Education," *Daedalus*, Vol. 126, no. 4(Fall 1997), pp. 293-314。

② Isaiah Berlin, *The Hedgehog and The Fox* (New York: Simon & Schuster, 1953).

③ Ibid., pp. 1,2,7,9.

疾患。我们很少看到学生起来造反,直到为时已晚,然后把它往往只看做是对我们急切追求理想的一种干扰。这个新世纪的学术领导人,或者至少在最初几十年间,可能看不清引导他们的单一大视野或者主宰他们的相互一致的各种大力量;他们可能需要朝更多方向观察,对许多不同机会和许多危险保持敏感。他们最好是狐狸或者鲍勃·克拉克所说的"企业家",看遍每一棵树丛,避开每一个陷阱,吃掉那些正巧过来的、无法吞食他们的东西。① 没有什么诱使他们向前的大视野,只有他们自己和他们的机构生存的需要。他们可能对他们命定要居住的世界没有清楚的图像;对未来没有总体的保证。这不是过失。形势不适合关注一个或很少几个大视野。

一 些 情 景

我想,缺乏确定的大视野以及对未来的普遍领悟有助于说明,今天对高等教育的未来所进行的预测为何如此之少,而已有的那些预测为何主要都有消极的色彩。

在引起我注意的最初那些预测中,有一例是英国沃威克大学的迈克尔·沙托克在1991年芝加哥大学百年庆典上提出的。沙托克看到大学有可能走向亨利八世时期的修道院方向:修道院被毁,僧侣被赶进荒野。② 玛格丽特·撒切尔前后的时期就相当于亨利八世时代。沙托克更现实地看到外部发展正在对大学获得更大的影响,政府发挥强大的作用从而使大学成了"国家的工具",经济市场的统治力日增从而使大学成为"工业的工具",财政资源减少,大学院校以外产生了进修教育运动。他还看到国家和工业正在大力接管大学。旧日的自治性的大学(例如牛津与剑桥)任凭学术掌控自身的未来,这已一去不复返了。

---

① Burton R. Clark, *Creating Entrepreneurial Universities: Organizational Pathways of Transformation* (Oxoford: International Association of Universities and Elsevier Science Ltd./Pergamon, 1998).

② Michael Shattock, "The Internal and External Threats to the University of the Twenty-First Century," *Minerva* 30 (Summer 1992), p. 146.

更早些时候我读到了欧内斯特·博耶和弗雷德·赫金杰的评论，说美国的高等教育已经不像它在60年代那样了，它"不再处在全国活动的重要中心"，它现在是"飘忽不定的"。① 我同意它现在飘忽不定，但它可能处在一个飘忽不定的社会的重要中心。

然后我读了彼得·德鲁克的文章，他多次正确地评价未来的可能性，人们不会忽略他的。他写道："远程学习……很可能在25年之内使得独特的美国学校，即自立的美国大学变得过时。"②这使大部分大学被德鲁克不祥地称为"一项失败"。③ 目前美国的高等教育机构中有1500万学生。只有约180万或者说12%是研究生。其余88%，德鲁克认为，众所周知，是被忘却的"大学生"。这是一种刺猬的大视野，它把60年代的任何东西都看小了。

阿瑟·莱文最近预测高等教育的行政部门将不成其为校园的管理机构，现在总数约有3500个，它们更多地成为向个人终端（不论多么遥远）进行知识电子传输的管理机构。学生被赶进了"荒野"。④

我所看到的最新的和分析最广的评论是康奈尔大学的弗兰克·罗兹写的《美国的大学，恐龙还是力士？》⑤。罗兹站在了力士一边，但他警告传统高等教育机构资源减少的影响，以及它们在高等教育的"垄断"上输给像凤凰城大学这样的机构，后者把重点放在对成年人的夜校和远程学习上。

还有其他一些可能的情景。我对所有这些都有怀疑，但它们确实指出了我们生活时代的紧张。

危险 在观看其他情景以前，我指出：在向前看的时候，重要的是要防止过高估价过去和过低估价未来的危险。我参加过几十次学院

---

① Ernest Boyer and Fred M. Hechinger, *Higher Learning in the Nation's Service* (Washington: Carnegie Foundation for the Advancement of Teaching. 1981), p. 3.

② Peter F. Drucker, "The Next Information Revolution", *Forbes ASAP* (August 14, 1998).

③ 德鲁克说："我认为过去40年来的美国研究型大学是一项失败。"见彼得·F.德鲁克电话会议讲话，摘自Dennis Normile, "Schools Ponder New Global Landscape", *Science*, Vol. 277, no. 5324(July 18, 1997), p. 311.

④ Arthur Levine, "The Soul of A New University," *New York Times* (March 13, 2000), p. A21.

⑤ 未发表的手稿。

和大学的正式庆典,我不断地听人提及"光荣的过去"与"可怕的未来"。为什么过去总是被视为非常光荣？在20世纪,过去大多是光荣的。这样说,是一种感谢过去的贡献者的方式。这也是目前的当局夸耀自己所做业绩的一种方式。但是为什么未来总是那么可怕呢？我认为：

情况常常如此。

这样说,是目前的当局进行他们认为必要的变革的论据。

这也是鼓励支持者继续支持或者增加支持的一种方式。

如果情况真的变糟了,那就使当前的领导人有可能说："我警告过你们。"

但如果情况改善了,他们可以说："我拯救了你们。"

在任何场合,我很少听到说过去很可怕而未来将是光荣的。我的前任,长时期担任加利福尼亚大学校长的罗伯特·戈登·斯普劳尔,当我向他咨询在正式场合说些什么时,有一次他向我说了他的观点。他说,那只有四种可能性：

以自豪态度看过去。

以领悟态度预测未来。

以自豪态度看过去,然后以领悟态度预测未来。

然后他停住了。我问他："第四种是什么？"他回答说："没有第四种。"我说："严批过去和预测未来,怎么样？"他回答说："我从未见过这行得通。"我就同意了。说过去很糟糕并允诺未来会很光荣,就是在行动以前先夸下海口,并且确定一个过高的改善标准。

看来高等教育是有一种倾向,对未来抱惊恐,对过去抱欣赏。其危险就在于,对未来作了过分悲观的预测而惧怕得不敢行动。我记得,在1960年时我们对入学数不断增加十分害怕："更多就更糟。"在1980年时,我们对即将来临的人口萧条感到惊恐,害怕校园一个接一个地关闭。小心那些谈论末日的人。我希望我在这篇论文中没有掉进旧的文字游戏的陷阱。如果我掉进去了,那你们已经受过警告了。

通过回顾我们发现,我们在那么多的地方都产生过恐惧,而这时发生的恐惧现在则成为光荣的胜利。从这种历史记录中我确实能得出五点结论：

一、高等教育很有复原力，能把恐惧变成胜利。我期待着这将继续。这是因为天使跨进了笨人不敢走的地方。

二、最好集中精力于基本的长期趋势而不是当前的烦恼。

三、征服未来的第一步和最佳一步是担心它——恐惧它。担心是智慧的开始。

四、恐惧应把回应解放出来，而不是把回应禁锢起来。

五、光荣的过去可能伴随有光荣的未来，相信这一点是有益的。

高龄老人* 情景　20世纪30年代，当社会保险制度在美国建立时，我们有千百万失业工人，社会保险者人数与就业劳动力之比是1∶20。二战之后的"婴儿潮时代"出生的人在2030年其退休人数将达到顶峰，这时，上述比例就将是2∶1。① 这可能激起一场分配给不同群体成员的国家资源份额的大冲突。这也将激起一场退休者群体内部的争斗，他们会组成一个强大的政治集团。他们要今天能得到的一切，也要仍在就业劳动的或者将要成为就业劳动力的人们所得的适当份额。他们的未来福利有赖于这些工人的技能与善意。老人与年轻人之间、父母与子女之间、退休的盎格鲁裔人和少数民族劳工之间会发生恶劣的战斗。② 需要高等教育的年轻人和需要更多支持的老年人之间将发生更多的资源争夺。

DNA革命　医学院以及农学系中的生物科学将是大学生活的中心。它们是工业攻入校园的先锋，就像半个世纪以前的物理学是政府与军方攻入校园时的先锋一样。军方把秘密研究带到学术生活中来。工业将为更好的研究带来新机会，但也可能会干扰学术完整。但最主要的是，探索DNA的秘密将引起广泛的伦理问题——一个新的潘多

---

* Methuselah 麦修撒拉，圣经创世纪中享年969岁之老者，喻高龄老人。——译注

① Henry J. Aaron and Robert D. Reischauer, "Will the Baby Boomers Break the Bank?" in Richard C. Leone and GregAnrig, Jr. eds., *Social Security*：*Beyond the Basics* (New York：The Century Foundation Press, 1999), p. 52.

② Peter Schrag, *Paradise Lost*：*California's Experience and America's Future* (New York：New Press, 1998), Part Four.

拉魔匣。人类生命的未来和一切形式的生命是属于上帝造物主,还是属于达尔文的适者生存过程,抑或属于科学家及其无限的想象？我记得在加利福尼亚州旅行时向一些公众团体讲话,当时 DNA 的秘密刚开始破解,我感到人们恐怖的反应超过了广岛、长崎原子弹爆炸所带来的恐惧。

完整一体的大学处于解体之中　很长时间以前,大学就同农学、医学和法学结合在一起。然后在第二次世界大战期间,它同军方结合在一起。之后又进一步地与劳工市场结合在一起。我们传统的 18～24 岁的学生(一类市场)正在被 25～65 岁的非传统学生(二类市场)所补充。二类市场已经占到按人头计算的全部入学人数的 40%,而且针对这两个市场的更多教育项目是以就业为取向的。为教育而教育已经正在被为就业而教育取代,正如学生的选课所证明的。现在正在产生一个针对退休人员的新市场(三类市场)。追求人生丰富性的自由教育的主题在这三类市场中都淡化了,或许淡化得最少的是三类市场的人们,他们感兴趣的是自己一路上失去的东西。

旧日的象牙塔现已成为国家的工具和工业的工具,里面的学生寻求的是劳工市场和政治影响。象牙塔墙壁越来越大的可渗透性对学术提出了许多道德的和政治的问题。如何对待这些接触洪流将影响大学的实质,大学领导人不但需要关切国家与工业影响的内向流动,也需要关切教师咨询和学生参与外部政治的外向流动。

与外部世界的结合不可避免地导致大学内部的解体。被一些人视为外部劳工市场的不公正的东西渗透进了校园里的经济报酬制度,取代了内部的公正的政策。① 对外部利益的承诺导致大学内部在不偏不倚地追求真理方面有了冲突。意识形态发生冲突。友谊与忠诚越来越流向外部。曾经把学术界团结成一个社会单位的夫妻,现在有了各自的职业。"亲爱的母校,我们向你愉快地歌唱",现在几乎成了笑柄。

全球化情景　世界经济的全球化和通讯、交通的国际流动,把一

---

① Derek Bok, *The Cost of Talent: How Executives and Professionals Are Paid and How it Affects America* (New York: Free Press, 1993).

些产业赶进了大学。获得最新、最好的知识是许多产业全球性成功的秘密,而这在大学内最能获得,因为那里有新知识以及创造、分享和学习它的人们。大学真的成为工业的工具,虽然大学固有地强大得足以规定自身的交换条件。它所拥有的是极有价值的。但是它至少有两大弱点。第一,如果一所大学定下严格的条件来保护自身的完整性,另一所大学就可以抬高价码而偷取它的教师。第二,得到外部高价的大学教师会以系科自主为大旗来争取工业合同,如果被拒绝,他们会以离职去其他机构相威胁。这样,大学潜在的讨价还价的力量大大削弱了。除非在各大学之间或者更可能是政府立法机构有个协议规定什么可以接受、什么不可以接受,并且由全校教师设立一种监督机制决定什么可以接受、什么不可以接受,否则大学在气势汹汹的工业和教师企业家的联合进攻面前就孤立无援了。至少,大学可能希望成立特殊的部门来管理新的工业合同,例如加利福尼亚大学在第二次世界大战期间与利弗莫尔和洛斯阿拉莫斯所订的合同,那是由校董会严格控制的。

学术行会的分散化 (1)主题专门化增加了,知识被分成越来越小的题目。曾几何时,整个学术事业发源于并联系于哲学。(2)待遇方面的冲突加大了,一方主张各领域间应有内部公正,另一方主张各领域奉行外部劳工市场的不公正。(3)分散化也增加了对社会公正的不同信念,人们对社会公正是应界定为机会平等还是结果平等莫衷一是。这可能成为校园内倒数第二位的意识形态斗争。(4)最后的冲突可能发生在大学本身的发展模式上,即支持传统的还是"后现代的"模式。传统模式的基础是18世纪的启蒙运动——理性、思想的科学化、追求真理、客观性、"探求知识本身即是目的,以及探求知识是为了实际应用"。以伯克利哲学家约翰·瑟尔的话来说,传统的大学"试图成为非政治的或者至少政治上中立的。后现代主义的大学认为反正一切论述都是政治的,所以它设法用大学来争取有利的,而不是压制性的政治目的。……后现代主义者试图在真理的性质、客观性、理性、现实和学术质量等问题上质疑某些传统的设想"。[①]

传统大学与后现代大学的支持者之间的冲突刚刚开始。它可能会拆散一些人文学科和一些社会科学。我注意到,现代大学里最受忽视的,包括文学系,似乎是后现代大学的最经常的支持者,这加剧了紧张。

大学的任何进一步的政治化当然会疏离许多一般公众。大多数人曾经都承认传统大学已经局部地政治化了,而后现代主义将进一步提出这样的问题:大学的关键功能是建立在政治取向的基础上还是建立在非政治的科学分析的基础上。由于传统的大学是启蒙运动的产物,而且事实上也是它的主要推进手段,后现代大学的拥护者对传统大学的任何有效的攻击都将是极其重要的。

自由竞争的情景 这是一个霍布斯式的世界,人与人之间彼此敌对,生命"糟糕、残酷和短促":国家反对校园,工业反对校园,新技术反对旧技术,老人反对年轻人,DNA革命形成敌和友,传统大学形成支持者和诋毁者,此外还有其他种种冲突。人们可以想象一些21世纪的卢德派分子为自己技能的老化过时和自己生活的消亡而挣扎。到处都是纷争。

所有这些情景都有其消极方面。没有一个受到学术界的充分欢迎。让我补充一个备受欢迎的情景:继续2000年时的现状。各校园仍然享有某种程度的自主权,如果它们选择这样做的话。教师仍然对学术事务具有某些重大的控制权。教师凭其收入大部分都能过上丰裕的生活方式。教师能突出地掌管自己的工作时间和工作条件。香格里拉很有可能就在此时此地,这样观察现实可能会让人吃惊!或许它会从此不再。没有办法阻挡国家或工业的力量,阻挡电子革命和DNA革命,或者许许多多正在进行的其他事物。然而,在这种无法阻挡的潮流之中,我们可以欢迎尚未消失的"人间天堂"。最佳的就在此时此地。"此时此地"的永久存在成为保守学人最终的团结口号。

另外还有一些空想的情景:世界上一切文明所累积的知识按一下

[①] John R. Searle, "Rationality and Realism, What is at Stake?" *Daedalus*, vol. 122, no. 4 (Fall 1993), p.56.

键就可以传到地球上最遥远的人那里,最可怕的疾病被消灭,创造一个人人丰足无虞的世界。

一些确定无疑的事情

然而,甚至在一个混乱的世界里,即使没有60年代所特有的那种伟大迫切的要务,但还可能有一些确定无疑的事情等着我们去做。

旧事务

这包括一些20世纪未完成而要在21世纪完成的事务:

把更多的机会扩展给历史上的少数派群体　例如,在加利福尼亚,自从1960年总体规划以来出现了一些倒退的活动,这其中就包括,各高中在提供大学先修课程(advanced placement courses)方面有着巨大的差异,社区学院的转学项目在低收入社区与高收入社区之间有着巨大的差异,这些差异增加了机会的不平等。① 一些州(包括加利福尼亚、得克萨斯和佛罗里达)里的公立大学面临着一种人口革命,因为历史上的少数派群体的人数和政治力量都扩大了。他们怎么适应呢?

向初等教育和中等教育提供更多的帮助　我不知道有哪所学校在这方面做得出色,虽然有些曾经大胆地尝试过。我建议这些学院试试赠地方法而不是文理科方法,设置试验站和推广服务,而不是附以标准系科(诸如历史、哲学、心理学)的宣传册。我还建议更多的试验:全日制、提供全面服务的小学与中学,因为许多家庭减少了它们的教育功能——例如,学校从上午7时开到下午7时,有伙食供应、图书馆、娱乐项目、医疗设备等服务。我认为人们对学校责难太多,对家庭内部教育的恶化责难太少。家庭的失败先于学校的失败。

---

① Clark Kerr, testimony before the Joint Committee to Develop a Master Plan for Education, Kindergarten through University (Senator Dede Alpert, Chair), The California Legislature, Sacramento, California, August 24, 1999.

新事务

一些新事务的项目已经列在日程上了。

更广泛和更有效地使用信息技术　这是教育技术的第四次革命，是500年来的头一回。第一次革命是专业教师或导师补充家庭对子女的教导和工匠对学徒的教导，是定居式农业与城市取代游牧式生活。第二次革命是发生于大约与第一次革命同时的书写。第三次是印刷机，而现在第四次革命是电子通讯。这每一次革命都是作为一种补充而不是全部的取代，就像汽车取代马和马车的情况。我期望电子技术也将是补充而不是低成本地全部取代实践性的教育，如一些公共部门似乎在它们的计划中所希望的"虚拟大学"。重大的考验是质量而不仅仅是成本，而质量是非常昂贵的。

我知道，有了互动技术，人们可以在相隔遥远的情况下，得到相当满意的人际接触——能看，能听，能从不同地方相互之间以及多方之间进行谈话。而且，电子邮件通过增加教师的参与度，有时可鼓励辩论和增进学习动力。但是长期以来，教育是一项实践性的事业，正如医学、法学和神学等其他古老的专业一样，它们应对不同人们的不同需求，而这些需求是很难标准化的。

我曾看到85所从1520年起就存在的机构至今基本未变。其中70所是大学。① 大学在治理与活动方式上属于所有机构中最保守之列，而且很可能还会这样。此外，学生之间还相互学习而不仅仅向教师或计算机学习，现在还没有可以替代与其他学生面对面接触的方法。可是，我的确看到过本地的学习校园在大大扩展，例如苏格兰的高地与岛屿大学、华盛顿州立大学和美国的许多其他大学，例如它们以录像讲课为基础，随后学生们在一位研讨会主席的指导下进行直接讨论。讨论的主持人可以取代特定科目的讲课老师，当该科目是给低年级学生所准备的标准化课程之时，情况更是如此。一间小学教室可能被挪用做大学课堂，但是实验室怎么办呢？

---

① 见第5章。

如果电子革命真的全部取代了课堂讲课而主要不是一种补充形式,那么这可能成为下一个世纪的一大主题——正如彼得·德鲁克所预测的那样,针对本科生的讲课将不复存在。但是在得出这一结论以前,我们需要更多的试验。教育不仅是要传递实际的知识,而且是要学习与别人一起得出结论。

生物科学继续兴起 生物科学正在成为所有大学科学领域的中心,把医学、工程、物理、化学和其他许多都吸引到它的影响范围中来。它现在从联邦政府、慈善组织和工业界得到了最多的资助,并正在成为新世纪里社会变革的最大来源和伦理冲突的最大源泉。对于渴望在 21 世纪成就伟业的任何研究型大学来说,取得生物科学上的领导地位是必要条件。对于未来的世纪而言,还有另一个可能的主题。

高等教育作为职业中期晋升的准备 随着职业技能水平继续提高和高技能职业数量的增多,职业中期的晋升必然变得更为重要。像凤凰城大学那样创办企业教室和研究所已经是带了头。我敢肯定有许多机构会跟上去,特别在医疗保健领域,那里急需许许多多尖端的新技术。[①] 这样扩大之后,高等教育将越发成为劳工市场的附属品。美国高等教育开创之初是为了努力提升道德。它继续下去是为了努力取得好工作和更好的工作。富足一生已取代人生哲学而成为高等教育的主要目的。另一个兴起中的市场(三类市场)服务于想要接受教育的退休人员。根据许多新处方,高等教育、工作和休闲都搅拌到了一起。高等教育不是一个分开的机构,它是结合在一切工业与社会生活中的。二类市场和三类市场可能特别适合于校外电子教育。

劳工市场日益主宰着高等教育,其后果包括对最佳本科生课程表的不同意见或者完全不关心所谓的"自由教育"。另一个后果是重新界定学校治理,从同等关心全校福利变为分别关心其有关部分,有些单位甚至玩弄起私有化。

---

① 关于这个方向的早先努力,见 Malcolm S. M. Watts and Clark Jones, *The Story of the California AHEC System: California Area Health Education Centers: 1972-1989* (Fresno: California AHEC System, 1990); Charles Odegaard, *Eleven Area Health Education Centers: The View from The Grass Roots* (Berkeley: Carnegie Council on Policy Studies in Higher Education, 1980); 以及 Carnegie Commission on Higher Education, *Higher Education and the Nation's Health: Policies for Medical and Dental Education* (New York: McGraw-Hill, 1970)。

进一步融入社会招致校园内部的进一步解体。外部的社会压力使得学术领导人因保持他们的方向感和价值观而受到更加尖锐的挑战。大学越被视为帮助社会上这个或那个利益的种种手段,校长和教师领头人就越发难以设法定下自己该优先考虑什么,坚持大学的独立性,决定他们如何能最好地服务于总的福利,以及决定如何实施最好的治理而不是完全受别人的影响。当高等教育的机构界线变得更易于渗透时,来往流动的控制管理就要求行政与学术领导人进行更多的仔细检查。控制这种流动对于控制大学的性质是具有核心意义的。现在吊桥已经放下,什么人和什么东西将通过它呢?

一些反响

以上这些新、旧事务正在带来一些必要的适应。

校长的作用在变化。他或她现在更多地在校外乞求财富——甚至出售校园的一些部分:"某某"大学商业网站(Campus "X". com)*。当校长在校时,他或她仍然担心着要维护一种社群感,但不完全知道如何做到这一点,于是只能幻想"棒棒糖大山"的美梦。

进一步融入社会,不可避免地会增加那些代表外部社会利益的校董会、政府部门和其他集团的作用,而减少关心内部行会利益的教师的作用。使用亨利·罗索夫斯基的用语,大学内部现在有了越来越多的分立的"业主"。[①]挑选、培训和指导这些业主,对于高等教育的福利十分紧要。

近些时期,新资源变得更加难以获得,因此有效利用资源成为更加核心的关注点。经济增长已经放慢,生产率增长速度从60年代的3%下降到70年代的2%和80年代的1%,虽然在90年代末又回升至3%。回到3%的生产率增长速度可能证明不是一个长期发展而只是一种一时的刺激(shot in the arm)。与此同时,对这些资源的竞争性需求增大了,而且会持续下去。结果,更有效地使用资源将成为更重

---

* 此处意即大学从教育机构(Campus "X". edu)演变成了商业性机构(Campus "X". com)。——译者注

[①] Henry Rosovsky, *The University: an Owner's Manual* (New York: W. W. Norton, 1990).

要的关注点,而且校董和州长比学术评议会更自然地关注这一点。录取政策和学费水平也已成为公众的关注点,因此也是校董和州政府的关注点。权力分配将会受到重大影响。

高等教育的不同部分正在并将会受环境变化的不同影响。最好的文理学院很可能受新电子技术的最少影响,因为它们主要从事富人(经济等级中的最高 1/5)子女的全面发展,提供体育、终生朋友、社会技能、文化兴趣项目以及全面的心智提升,而不仅仅是职业技能。这些文理学院从富裕的校友赠款中得到了主要的资助,这些校友有能力、有意愿为他们的子女支付高额学费,而无需求助于公共资金。

很少受到新技术影响的还有研究型大学的研究生工作,甚至一些本科生指导工作。那是实践性的学徒工作,无法被电子取代。但是这些大学却最受DNA革命的影响。

州立和社区学院中的本科生大班级的教学可能最受新技术的影响。因此增加聊天室电子讲话的校外学习中心对讨论的主持人的需求也可能影响最多。

各种形式的高等教育的入学数将继续上升,但可能更易于受到短期波动的影响,因为高等教育回报率有升有降,职业升迁的机遇也随经济而波动。对比起来,在稍早的几个世纪中,阶级地位,而非现在的劳工市场波动,是入学更稳定的基础。

在这些确定性中每一种都有若干个不确定性。但前面会有乱牌,诸如战争和萧条,今天谁也无法预见。

我想,现在是越来越难把高等教育称为一个单一实体了。

乱　　牌

我要说除了战争与萧条之外的几种可能的乱牌。第一,未来的生产率增长会发生什么情况?第二,高等教育回报的波动会发生什么情况?

第三副乱牌是,当其他国家或国家联盟(如欧盟)可能赶上甚至超过美国时,美国在全球经济中状态到底如何?教育质量和全民培训将是这一比赛中的核心。美国大学可能不再是至高无上的。

第四副乱牌是,学生骚动的新事件可能发生。学生可能再次试图把大学的角色确定为独立批判者。当然,对劳工市场的关注可能过多而使这种情况不至于发生——向上升迁的学生过多而受到良好教育者向下流动得太少。

第五副乱牌是,教授会内部的各种争斗(在对待学生方面有学术业绩对社会公正的争斗,在专业报酬制度方面有内部公正对外部市场压力的争斗,在大学更佳模式方面有现代对后现代的争斗)会出现什么情况。

令人担心的大事 除了我关注的到底是狐狸还是刺猬会担任校长以及它们会领导得怎么样,我还担心对高等教育作决策的核心机构。越来越外向的校董会、协调理事会、立法议会和州长办公室的成员们会不会充分灵活、专注、聪慧地指引学校走出未来的困境?那些处理大学与外部社会权力中心之间系列事务的人们将面临最大的压力。他们有足够的认识、足够的关怀、具备充分的高水平和长期的判断力来有效地处理这一系列事务吗?由于形势的性质,这些机构和处理它们的人们是处在风暴的中心。他们应受到很早的严格的审查。而大学内部的教师组织需要比过去还要更密切地联系外部力量。它们应具备比过去更快、更有效地反应的能力。

结论 通过所有这些变化和挑战,狐狸可能处在它适宜的环境;只有狐狸具有足够的警觉、足够的聪明、足够的灵活、不受大视野蒙蔽、足够的生存主义能力来穿过所有的复杂条件和所有的陷阱向前迈进。但我希望,狐狸周围会有几个刺猬提醒它保护大学自主权和教师评议会的权威,并坚持公众和行会福利的重要性。

我知道,最近只有一位美国高等教育观察家对高等教育的未来采取了我所认为的既是可能的现实主义态度、又是一种明显善意的刺猬观点,那就是霍华德·鲍恩。20年前,他提出了一种想象,"一个全民受教育的民族"会更好地保护健康,更有效果地投资,更有效率地消费,更充分地发挥经济技能,更广泛和明智地参加政治和文化生活。[①]他提出的情景是我所喜爱的。

---

① Howard R. Bowen, *The State of the Nation and the Agenda for Higher Education* (San Francisco: Jossey-Bass, 1982).

鲍恩是最后一些乐观的刺猬之一。当他活着的时候,他和我往往谈论我们自己是 20 世纪 60 年代伟大乐观者的残余分子,通过现代大学的努力看到隧道那头一个更加美好的世界的亮光——我们是仍在追求圣杯的濒危物种。鲍恩在提出他的想象时,利用了他为卡耐基理事会所写的论证高等教育好处的那本《学术投资》中的思想,同时也参照了这样一个事实:我们正在普及高等教育,这种普及率将达到 60%,或许会增长到 70% 或 80%。①

可是,如果我在 2000 年是一只狐狸,看看周围有什么情况,我就会专注于以下一些事(我知道下面许多项目存在于 1960 年,虽然很受抑制):

经济市场全球化及其对美国经济和高等教育的影响。

生产率增长速度的波动。

大学教育经济回报率的波动。

寻求职业提升的中年学生的新市场(二类市场)。

各州的人口变化。

新的电子技术。

生物科学主宰力上升,公众对这种发明的紧张反应与方向。

不愉快的人文学科内部进行着的争斗,以及大学传统模式与后现代模式支持者之间进行的争斗和其他两败俱伤的冲突。

高等教育进一步融入劳工市场和工业,并导致一度独立门户的校园的解体。

利润竞争者涉足非利润的高等教育。

更多治理权流入非学术的权威(特别是州长与校董)之手。

在更有效利用资源方面内部权力与外部权力之间的争斗。

老年人对年轻人的态度和年轻人对老年人的态度。

才智之都的威信与公众地位在 60 年代以来的下降,当时它们处在公众爱戴与影响的顶峰。

战争与萧条、学生骚乱以及其他乱牌。

---

① Howard R. Bowen, *Investment in Learning* (San Francisco: Jossey-Bass, 1977).

有许多事情在发生,而不是一两桩大事在发生,并且这许多事情是一起发生,相互共同发生,以及相互对立地发生——这是狐狸的自然居住地。那么多的呼声与那么少的智慧在相互竞争。在这样背景里干下来要比在60年代艰难得多,而且经济资源也更少流入。

作为一只狐狸,我至少有三点愿望:

一、继续进行对新的信息技术的谨慎研究——什么起作用,什么不起作用?但是,随着新产品的出现快于老产品的检验,这一过程大为受阻。

二、传统大学与后现代大学支持者之间进行公开、深入的辩论而不是游击战的冷枪。后现代主义正在向前推进,但没有一种公平的对峙——越来越多的后现代主义岛屿处在一个敌对的大海里。

三、对未来大学的道德体系将进行深入的讨论。上一次大家接受的道德准则是在几乎一个世纪以前由美国大学教授联合会提出的。美国大学教授联合会关注过与校董、校长和教师的专有领域相关的道德问题。现在道德问题更多地出现在学术世界与外部世界的系列接触之中。从来没有像今天这样有那么多道德问题在打转。

最后,肖·加尔布雷思曾经说到两种经济学家,一类包括那些承认"我不知道"的人——好人,另一类则是那些"不知道他们不知道"的人——坏人。我希望,至少我表明我属于前者。我不知道,但我有好奇心。我不知道,但我想,我知道如何把这篇论文题目中的问号去掉而改为惊叹号——"一个狐狸的时代!"(a century for the foxes!)我们需要那些环顾周围许多大小事物的狐狸。

这些狐狸会有难以置信的机会来探索一个错综复杂的世纪,这个世纪有许许多多的不连续性,许许多多的变通情景,许许多多把挑战变成胜利的机会,以及许许多多探索和产生解决办法的机会。

对于20世纪60年代的刺猬们(我曾是其中的一分子),我想对你们说:安息吧。对于21世纪的狐狸们,我想说:我对你们试图逃出迷宫取得成功寄予厚望!

专名对照表

Academic emphases, shifts in 学术重点的转移

Academic freedom 学术自由

Academy (Plato) 学园 (柏拉图)

Access to higher education 高等教育招生

Adams, Charles K. 亚当斯, 查尔斯·K.

Adams, Henry 亚当斯, 亨利: *The Education of Henry Adams* 亨利·亚当斯的教育

Administration 行政管理

Admissions standards 入学标准

Affirmative action 平权运动

Affluence 富裕

African-American Studies 非洲裔美国人研究

Agriculture, schools of 农业学院

Alumni, concerns of 校友的关切

American Assembly 美国人大会

American Association of University Professors (AAUP) 美国大学教授联合会

American Council on Education 美国教育理事会

Angell, James B. 安杰尔, 詹姆斯·B.

Aristotle 亚里士多德

Arts, creative 艺术创作

Ashby, Eric 阿什比, 埃里克

Association of American Universities 美国大学联合会

Athletics 体育运动

Atomic Energy Commission 原子能委员会

Authority 权威

Aydelotte, Frank 艾德洛特,弗兰克

Baby boomers 婴儿潮时代出生者

Bakke case 贝克案件

Balance, problems of 平衡问题; bureaucratic imbalance 官僚主义的不平衡; intuitive imbalance 直觉的不平衡

Balderston, Frederick 鲍尔德斯顿,弗雷德里克

Barzun, Jacques 巴宗,雅克, *The House of Intellect* 才智之屋

Beadle, George 比德尔,乔治

Berlin, Isaiah 伯林,以赛亚

Berlin, University of 柏林大学

Biological sciences 生物科学

Biology 生物学

Black studies 黑人研究; see African-American studies 见非洲裔美国人研究

Bologna, University of 博洛尼亚大学

Bowen, Harold 鲍恩,哈罗德; *Investment in Learning* 学术投资

Boyer, Ernest 博耶,欧内斯特

Britain 英国. See England; Scotland 见英格兰,苏格兰

Brookings Institution 布鲁金斯学会

Brown, J. Douglas 布朗,J. 道格拉斯

Brown University 布朗大学

Bryce, James 布赖斯,詹姆斯; *The American Commonwealth* 美利坚联邦

Bundy, McGeorge 邦迪,麦克乔治

Bush, Vannevar 布什,万尼瓦尔; *Science: The Endless Frontier* 科学,无尽的边疆

Business administration, schools of 企业管理学院

Butler, Nicholas Murray 巴特勒,尼古拉斯·默里

Calendars, rearrangement of 日程重新安排

California 加利福尼亚; defense contracts in 国防合同; industry in 工业; Nobel prize laureates in 诺贝尔奖得主; public backlash 公众的反响; Master Plan 总体规划; cost of higher education in 高等教育费用; academic quality in 学术质量

California, University of 加利福尼亚大学

California, University of, Berkeley 伯克利加利福尼亚大学

California, University of, Davis 戴维斯加利福尼亚大学

·专名对照表·

California, University of, Irvine 厄湾加利福尼亚大学

California, University of, Los Angeles 洛杉矶加利福尼亚大学

California, University of, San Diego 圣迭戈加利福尼亚大学

California, University of, Santa Cruz 圣克鲁斯加利福尼亚大学

California Institute of Technology 加利福尼亚理工学院

Cambridge University 剑桥大学

Carnegie Commission on Higher Education 高等教育卡耐基委员会

Carnegie Council on Policy Studies in Higher Education 高等教育政策研究卡耐基理事会

Carnegie Foundation 卡耐基基金会

Change, need for 变革的需要

Chicago, University of 芝加哥大学

Clark, Burton R. [Bob] 克拉克, 伯顿·R.

Cluster colleges 学院群

Columbia University 哥伦比亚大学

Committee on Institutional Cooperation 机构合作委员会

Commons, John R. 康芒斯, 约翰·R.

Community colleges 社区学院

Compton, Karl T. 康普顿, 卡尔·T.

Computers 计算机

Conant, James Bryant 科南特, 詹姆斯·布赖恩特

Concentration, inevitability of 集中的必然性

Congress, U.S. 美国国会

Consensus, loss of 共识的丧失

Cornell University 康奈尔大学

Cornford, F. M. 康福德, F. M.

Corson, John J. 科森, 约翰·J.

Council of Advisers on Education 教育顾问理事会

Counseling centers 咨询中心

Course concentrations 课程专修

Course requirements, elimination of 取消课程要求

Courses, elective system for 选课制

Curriculum reform 课程改革

Day, Jeremiah 戴, 杰里迈亚

Defense grants/contracts 国防拨款/合同

Democracy, and universities 民主与大学

Department of Agriculture 农业部

Department of Defense 国防部

Department of Education 教育部

Department of Health, Education, and Welfare 卫生、教育与福利部

Departments, university 大学各系

Depression, demographic 人口萧条

Depression(1930s) 大萧条(30年代)

Discussion leaders 讨论主持人

DNA revolution DNA(脱氧核糖核酸)革命

Doctoral training, and federal research grants 博士培训与联邦研究拨款

Doctorates, surplus of 博士生过剩

Dodds, Harold W. 多兹,哈罗德

Dormitories 宿舍

Drop-outs 中途退学者

Drucker, Peter 德鲁克,彼得

DuBridge, Lee 杜布里奇,李

Electronic technology 电子技术

Eliot, Charles W. 埃利奥特,查尔斯·W.

Employment 就业

Engineering, schools of 工程学院

England, universities in 英国的大学; as liberal knowledge model 博雅知识模式; modern changes in traditional role 传统角色的现代变化; emphasis on residential colleges 强调寄宿制学院; influence on American universities 对美国大学的影响; faculty control at 教师控制; new public universities 新的公立大学; University Grants Committee 大学拨款委员会; research at 研究; see also Cambridge University; Oxford University 又见剑桥大学,牛津大学

Enrollment, growth in 入学人数的增长

Examinations 考试

Faculty. see professors 教师,见教授

Federal funds for higher education 联邦高等教育经费

Federal grant universities 联邦拨款大学. See also Research universities 又见研究型大学

Fellowships 研究员职位

Flexner, Abraham 弗莱克斯纳, 亚伯拉罕

Folwell, William W. 福尔韦尔, 威廉·W.

Foundations, grants from 基金会的拨款

Fractionalization 分散化

France, universities in 法国的大学

Franklin, Benjamin 富兰克林, 本杰明

Free-for-all scenario 自由竞争的情景

Freeman, Richard 弗里曼, 理查德

Free Speech Movement 言论自由运动

Free University of Berlin 柏林自由大学

Freiburg, University of 弗赖堡大学

Freud, Sigmund 弗洛伊德, 西格蒙德

Friday, William 弗赖迪, 威廉

Frondizi, Risieri 弗朗迪西, 里谢里

Galbraith, Kenneth 加尔布雷思, 肯尼思

Galileo Galilei 伽利略

General education programs 通识教育计划

Georgia Institute of Technology 佐治亚理工学院

Germany, universities in 德国的大学; as model for modern university 现代大学的模式; rebirth of 再生; freedom for students/professors 学生与教授的自由; influence on American universities 对美国大学的影响; state government control of 州政府的控制; distribution of power in 权力分配; research at 研究

GI Bill of Rights 士兵权利法案

Gilman, Daniel Coit 吉尔曼, 丹尼尔·科伊特

Gilpatric, Roswell L. 吉尔帕特里克, 罗斯韦尔·L.

Giotto di Bondone 乔托

Globalization 全球化

Gottingen, University of 哥廷根大学

Graduate schools/programs 研究生院/计划

Grant, Gerald 格兰特, 杰拉尔德

Grants: federal 联邦拨款, 私人拨款; private

Greece, ancient 古希腊

Growth 增长. See Enrollment 见录取额

Guild mentality 行会心态

Halle, University of 哈雷大学
Harper, William Rainey 哈珀, 威廉·雷尼
Harris, Seymour 哈里斯, 西摩
Harvard University 哈佛大学; as federation 联合会; Pusey report 珀西报告; reforms under Eliot 埃利奥特时期的改革; reforms under Lowell 洛厄尔时期的改革; general education program 通识教育计划; self-study reports 自学报告; catalogue 大学概况手册; as federal grant university 联邦拨款大学; involvement in society 参与社会; continuity at 继续; administration of 行政管理
Health care 卫生保健
Hechinger, Fred 赫金杰, 弗雷德
Hedonism, middle-class 中产阶级享乐主义
Hegel, G. W. F. 黑格尔
Heilbroner, Robert 海尔布伦纳, 罗伯特
Henry VIII 亨利八世
Heraclitus 赫拉克里特
Higher Education Amendments(1972) 高等教育修正案(1972)
Hispanic studies 拉丁裔人研究
Hofstadter, Richard 霍夫施塔特, 里查德
Home economics, schools of 家政学院
Hook, Sidney 胡克, 悉尼
Humanism 人道主义
Humboldt, Wilhelm von 洪堡, 威廉·冯
Hutchins, Robert Maynard 哈钦斯, 罗伯特·梅纳德
Huxley, Thomas 赫胥黎, 托马斯

Ideopolis, rise of 思想之都的兴起
Indiana University 印第安纳大学
Industrial revolution 产业革命
Industry 工业
Influences, external/semiexternal 外部/半外部影响
Institutes 研究所
Institutions 机构
Integration/disintegration 结合/解体

Intellect, organized 有组织的才智
Iowa State University 爱荷华州立大学
Iran 伊朗
Italy, universities in 意大利的大学

Jackson, Andrew 杰克逊，安德鲁
James, William 詹姆斯，威廉
Japan, universities in 日本的大学
Jefferson, Thomas 杰斐逊，托马斯
Jencks, Christopher 詹克斯，克里斯托弗
Johns Hopkins University 约翰·霍普金斯大学
Jordan, David Starr 乔丹，戴维·斯塔尔
Jowett, Benjamin 周伊特，本杰明
Junior colleges 专业学院

Kant, Immanuel 康德
Kennedy, John 肯尼迪，约翰
Keynes, John Maynard 凯恩斯，约翰·梅纳德：*The General Theory* 通论
Kidd, Charles V. 基德，查尔斯·V.
Knowledge 知识
Korean war 朝鲜战争
Krugman, Paul 克鲁格曼，保罗

Laboratories 实验室
Labor market 劳工市场
La Follette, Robert 拉福莱特，罗伯特
Land Grant Association 赠地协会
Land grant movement 赠地运动
Laski, Harold 拉斯基，哈罗德
Latin America, universities in 拉丁美州的大学
Law schools 法学院
Lazarsfeld, Paul 拉扎斯菲尔德，保罗
Leadership, university 大学领导权
Lehrfreiheit/Lernfreiheit 教、学自由
Less Time, More Options (Carnegie Council) 更短时间，更多选择（卡耐基理事会）

Levine,Arthur 莱文,阿瑟

Liberal arts colleges 文理学院

Liberal knowledge 博雅知识

Libraries 图书馆;research 研究;undergraduate 本科生;in center of campus 在校园中心

Lincoln,Abraham 林肯,亚伯拉罕

Livermore 利弗莫尔

London,University of 伦敦大学

London School of Economics 伦敦经济学院

Long distance learning 远程学习

Los Alamos 洛斯阿拉莫斯

Lowell,A. Lawrence 洛厄尔,A.劳伦斯

Lyceum (Aristotle) 学园(亚里士多德)

Machlup,Fritz 马克卢普,弗里茨

MacLeish,Archibald 麦克利代,阿奇博尔德

Madrid,University of 马德里大学

Marx,Karl 马克思,卡尔

Massachusetts 马塞诸塞州;defense contracts in 国防合同;industry in 工业

Massachusetts Institute of Technology(MIT) 麻省理工学院

Master plan (California) 总体规划(加利福尼亚)

May,Henry 梅,亨利

Medical schools 医学院

Megacampus 巨型校园

Methuselah scenario 高龄老人情景

Michigan,University of 密歇根大学

Michigan State University 密歇根州立大学

Mid-career advancement 职业中期的晋升

Middle class 中产阶级

Millett,John D. 米利特,约翰·D.

Minnesota,University of 明尼苏达大学

Minority students 少数民族学生

Morality,campus 校园道德

Morrill,James L. 莫里尔,詹姆斯·L.

Morrill Act(1862) 莫里尔法

Multiversities 巨型大学;development of 发展;governance of 治理;presidents 校长;

life in 生活；reconsidered 再思考

Napoleon Bonaparte 拿破仑·波拿巴
National Academy of Sciences 国家科学院
National Aeronautics and Space Administration 国家航空航天署
National Defense Education Act(1958) 国防教育法(1958)
National Education Improvement Act（1963）国家教育改进法(1963)
National Foundation for Higher Education 全国高等教育基金会
National Institutes of Health 国家卫生研究所
National Science Foundation 全国科学基金会
Native American studies 土著美国人研究
Netherlands, universities in 荷兰的大学
Nevins, Allan 内文斯，艾伦
Newman, John Henry 纽曼，约翰·亨利
Newton, Isaac 牛顿，伊萨克
New York 纽约
New York, State University of, Buffalo 布法罗纽约州立大学
New York University 纽约大学
Nixon, Richard 尼克松，里查德
Nobel prize 诺贝尔奖
North Carolina, University of 北卡罗来纳大学

Ohio State University 俄亥俄州立大学
Oppenheimer, Robert 奥本海默，罗伯特
Orlans, Harold 奥伦斯，哈罗德
Ortega y Gasset, José 奥尔特加—加塞特，何塞
Oxford University 牛津大学

Padua, University of 帕多瓦大学
Paris, University of 巴黎大学
Parking, campus 校园停车
Participatory democracy 参与性民主
Pattison, Mark 帕廷森，马克
Pennsylvania, University of 宾夕法尼亚大学
Pennsylvania State University 宾夕法尼亚州立大学

Perkins, James A. 帕金斯,詹姆斯·A.

Philadelphia, College of 费城学院

Philosophy 哲学

Phoenix, University of 菲尼克斯大学

Planck, Max 普朗克,马克斯

Planning 计划

Plato 柏拉图

Postmodernism 后现代主义

Power, competitors for 权力竞争者

Presidents, university, roles of 大学校长的角色

President's Science Advisory Committee 总统科学顾问委员会

Press, Frank 普雷斯,弗兰克

Price, Don K. 普赖斯,唐·K.

Primary education 初等教育

Princeton University 普林斯顿大学

Privatization 私有化

Productivity 生产率

Professional schools 专业学院

Professors 教授;academic freedom of 学术自由;power of 权力;and university life 大学生活;and federal research grants 联邦研究拨款;guild mentality of 行会心态;salaries/benefits 薪金/福利;conservatism of 保守主义;collective bargaining by 劳资谈判;contacts among 交往;tenure 终身教职;involved in university governance 参与大学治理;contracts 合同;teaching load 教学工作量

Project system 项目制度

Public authority 公共部门

Public universities 公立大学

Pusey, Nathan 珀西,内森

Pythagoras 毕达哥拉斯

Quakers 教友派会员

Rashdall, Hastings 拉什达尔,黑斯廷斯

Reagan, Ronald 里根,罗纳德

Recessions, economic 经济衰退

"Red Book"（Harvard University）"红皮书"（哈佛大学）

"Redbrick" universities（Britain）"红砖"大学（英国）

Reform 改革：See Change, need for; Curriculum reform 见变革, 改革的需要, 课程改革

Reformation 宗教改革

Renaissance 文艺复兴

Research 研究

Research centers 研究中心

Research universities 研究型大学. See also Federal grant universities 又见联邦拨款大学

"Research Universities I"（Carnegie Council）"一类研究型大学"（卡耐基理事会）

Residence halls 住宿楼. See Dormitories 见宿舍

Rhodes, Frank 罗兹, 弗兰克：*The American University, Dinosaur or Dynamo* 美国大学：恐龙还是力士

Riesman, David 里斯曼, 戴维

Rochester, University of 罗切斯特大学

Rockefeller, Nelson 洛克菲勒, 纳尔逊

Rockefeller Foundation 洛克菲勒基金会

Roosevelt, Theodore 罗斯福, 西奥多

Rosovsky, Henry 罗索夫斯基, 亨利

Rudolph, Frederick 鲁道夫, 弗雷德里克

Ruml, Beardsley 拉姆尔, 比尔兹利

Russia, universities in 俄国的大学

Ruthven Alexander G. 鲁思文, 亚历山大·G.

Salamanca, University of 萨拉曼卡大学

Salerno, University of 萨莱诺大学

Sanford, Nevitt 桑福德, 内维特

Schumpeter, Joscph 熊彼得, 约瑟夫

Science 科学

Scotland, universities in 苏格兰的大学

Seaborg report 西博格报告. See also President's Science Advisory Committee 又见总统科学顾问委员会

Searle, John 瑟尔, 约翰

Secondary education 中等教育

Shattock, Michael 沙托克, 迈克尔

Sinclair, Upton 辛克莱, 厄普顿

SLATE movement SLATE 运动

Smelser, Neil 斯梅尔瑟, 尼尔

Smith, Adam 斯密, 亚当

Snow, C. P. 斯诺, C. P.

Social justice 社会公正

Social work, schools of 社会工作学院

Socrates 苏格拉底

Sophists 诡辩派

Soviet Union 苏联. See Russia 见俄国

Spain, universities in 西班牙的大学

Specialization 专门化

Spinoza, Baruch 斯宾诺莎

Sproul, Robert Gordon 斯普劳尔, 罗伯特·戈登

Sputnik 斯普特尼克(苏联人造卫星)

Stanford University 斯坦福大学

State funds for higher education 州的高等教育经费

"Stop-outs" "停下来就走"

Stratton, Julius A. 斯特拉顿, 朱利叶斯·A.

Students：revolts by, 学生造反；freedom to choose courses 自由选课；power of 权力；and university life 大学生活；undergraduate vs. graduate 本科生对研究生；drop-outs/"stop-outs" 半途退学/停下来就走；concerns of 关注；minority 少数派；women 妇女；low-income 低收入；on committees 参加委员会；expenditures by 开支. See also Enrollment 又见录取

Swarthmore College 斯沃斯莫尔学院

Sweden, universities in 瑞典的大学

Talent, concentration of 天才的集中

Tappan, Henry 塔潘, 亨利

Teaching 教课

Teaching assistants 助教

Texas：industry in 得克萨斯：工业；public universities in 公立大学

Texas, University of 得克萨斯大学

Texas A & M University 得克萨斯农业与机械大学

Thatcher, Margaret 撒切尔,玛格丽特
Ticknor, George 蒂克纳,乔治
Tolerance, loss of 失去容忍
Trow, Martin 特罗,马丁
Trustees, boards of 校董会
Tuition 学费
Twentieth century 20 世纪

Universities 大学:as communities 作为共同体;transformation of 转型;historical development 历史发展,governance of 治理;life in 生活;and knowledge industry 知识产业;and industry 工业;clichés about 陈词滥调;changes facing 面对变化;involvement in society 参与社会;centrality of 中心;multicampus 巨型校园;problems 问题;markets 市场
University Grants Committee(Britain) 大学拨款委员会(英国)
University of the Highlands and Islands 高地与岛屿大学

Van Hise, Charles 范海斯,查尔斯
Veblen, Thorstein 维布伦,索尔斯坦
Virginia, University of 弗吉尼亚大学
Virginia polytechnic Institute 弗吉尼亚科技学院
Virtual universities 虚拟大学

Wallis Allen 沃利斯,艾伦
Warwick University 沃威克大学
Washington State University 华盛顿州立大学
Washington University 华盛顿大学
Wayland, Francis 韦兰,弗朗西斯
Weinberg, Alvin M. 温伯格,阿尔文·M.
Wheeler, Benjamin Ide 惠勒,本杰明·艾德
White, Andrew Dickson 怀特,安德鲁·迪克森
Whitehead, Alfred North 怀特海,艾尔弗雷德·诺思
Wilson, Logan 威尔逊,洛根
Wilson, Woodrow 威尔逊,伍德鲁
Wisconsin, University of 威斯康星大学
"Wisconsin idea" "威斯康星理念"

Wolff, Robert Paul 沃尔夫, 罗伯特·保罗

Women 妇女

Women's studies 妇女研究

Women students 女学生. See students 见学生

World events 世界性事件

World War I 第一次世界大战

World War II 第二次世界大战

Wriston, Henry M. 里斯顿, 亨利·M.

Yale University 耶鲁大学

Yankelovich, Daniel 扬克洛维奇, 丹尼尔

好书分享

大学之道丛书

大学之用
教师的道与德
高等教育何以为高
哈佛大学通识教育红皮书
哈佛,谁说了算
营利性大学的崛起
学术部落与学术领地
高等教育的未来
知识社会中的大学
教育的终结
美国高等教育通史
后现代大学来临?
学术资本主义
德国古典大学观及其对中国的影响
美国大学之魂(第二版)
大学理念重审
大学的理念
现代大学及其图新
美国文理学院的兴衰
大学的逻辑(第三版)
废墟中的大学
美国如何培养硕士研究生
美国高等教育史(第二版)
麻省理工学院如何追求卓越
美国高等教育质量认证与评估
高等教育理念
印度理工学院的精英们
21世纪的大学
美国公立大学的未来
美国现代大学的崛起
公司文化中的大学
大学与市场的悖论
高等教育市场化的底线
美国大学时代的学术自由
理性捍卫大学
美国的大学治理
世界一流大学的管理之道(增订本)

21世纪高校教师职业发展读本

如何成为卓越的大学教师(第二版)
如何提高学生学习质量
学术界的生存智慧(第二版)
给研究生导师的建议(第二版)
给大学新教员的建议(第二版)
教授是怎样炼成的

学术规范与研究方法丛书

如何进行跨学科研究
如何查找文献(第二版)
如何撰写与发表社会科学论文:国际刊物指南
如何利用互联网做研究
社会科学研究方法100问
社会科学研究的基本规则(第四版)
参加国际学术会议必须要做的那些事
——给华人作者的特别忠告
如何成为学术论文写作高手
——针对华人作者的18周技能强化训练
给研究生的学术建议(第一版)
生命科学论文写作指南
如何撰写和发表科技论文(第六版)
法律实证研究方法(第二版)
传播学定性研究方法(第二版)
学位论文写作与学术规范
如何写好科研项目申请书
如何为学术刊物撰稿(影印第一版)
如何成为优秀的研究生(影印版)
教育研究方法:实用指南(第六版)
高等教育研究:进展与方法
做好社会研究的10个关键

科学元典丛书

天体运行论 〔波兰〕哥白尼
关于托勒密和哥白尼两大世界体系的对话
　　〔意〕伽利略
心血运动论 〔英〕威廉·哈维
薛定谔讲演录 〔奥地利〕薛定谔
自然哲学之数学原理 〔英〕牛顿
牛顿光学 〔英〕牛顿
惠更斯光论(附《惠更斯评传》) 〔荷兰〕惠更斯
怀疑的化学家 〔英〕波义耳
化学哲学新体系 〔英〕道尔顿
控制论 〔美〕维纳
海陆的起源 〔德〕魏格纳
物种起源(增订版) 〔英〕达尔文
热的解析理论 〔法〕傅立叶
化学基础论 〔法〕拉瓦锡
笛卡尔几何 〔法〕笛卡尔
狭义与广义相对论浅说 〔美〕爱因斯坦
人类在自然界的位置(全译本) 〔英〕赫胥黎
基因论 〔美〕摩尔根
进化论与伦理学(全译本)(附《天演论》)
　　〔英〕赫胥黎
从存在到演化 〔比利时〕普里戈金
地质学原理 〔英〕莱伊尔
人类的由来及性选择 〔英〕达尔文
希尔伯特几何基础 〔俄〕希尔伯特
人类和动物的表情 〔英〕达尔文
条件反射:动物高级神经活动 〔俄〕巴甫洛夫
电磁通论 〔英〕麦克斯韦
居里夫人文选 〔法〕玛丽·居里
计算机与人脑 〔美〕冯·诺伊曼
人有人的用处:控制论与社会 〔美〕维纳
李比希文选 〔德〕李比希
世界的和谐 〔德〕开普勒
遗传学经典文选 〔奥地利〕孟德尔 等

德布罗意文选 〔法〕德布罗意
行为主义 〔美〕华生
人类与动物心理学讲义 〔德〕冯特
心理学原理 〔美〕詹姆斯
大脑两半球机能讲义 〔俄〕巴甫洛夫
相对论的意义 〔美〕爱因斯坦
关于两门新科学的对谈 〔意大利〕伽利略
玻尔讲演录 〔丹麦〕玻尔
动物和植物在家养下的变异 〔英〕达尔文
攀援植物的运动和习性 〔英〕达尔文
食虫植物 〔英〕达尔文
宇宙发展史概论 〔德〕康德
兰科植物的受精 〔英〕达尔文
星云世界 〔美〕哈勃
费米讲演录 〔美〕费米
宇宙体系 〔美〕牛顿
对称 〔德〕外尔
植物的运动本领 〔英〕达尔文
博弈论与经济行为（60周年纪念版） 〔美〕冯·诺伊曼
生命是什么（附《我的世界观》） 〔奥地利〕薛定谔

跟着名家读经典丛书

先秦文学名作欣赏 吴小如等著
两汉文学名作欣赏 王运熙等著
魏晋南北朝文学名作欣赏 施蛰存等著
隋唐五代文学名作欣赏 叶嘉莹等著
宋元文学名作欣赏 袁行霈等著
明清文学名作欣赏 梁归智等著
中国现当代诗歌名作欣赏 谢冕等著
中国现当代小说名作欣赏 陈思和等著
中国现当代散文戏剧名作欣赏 余光中等著
外国诗歌名作欣赏 飞白等著
外国小说名作欣赏 萧乾等著
外国散文戏剧名作欣赏 方平等著

博物文库

无痕山林
大地的窗口
探险途上的情书
风吹草木动
亚马逊河上的非凡之旅
大卫·爱登堡的天堂鸟故事
蘑菇博物馆
贝壳博物馆
甲虫博物馆
蛙类博物馆
兰花博物馆
飞鸟记
奥杜邦手绘鸟类高清大图
日益寂静的大自然
垃圾魔法书
世界上最老最老的生命
村童野径
大自然小侦探
与大自然捉迷藏
鳞甲有灵
天堂飞鸟
寻芳天堂鸟
休伊森手绘蝶类图谱
布洛赫手绘鱼类图谱
自然界的艺术形态
雷杜德手绘花卉图谱
果色花香：圣伊莱尔手绘花果图志
玛蒂尔达手绘木本植物
手绘喜马拉雅植物

西方心理学名著译丛

记忆 〔德〕艾宾浩斯
格式塔心理学原理 〔美〕考夫卡
实验心理学（上、下册） 〔美〕伍德沃斯 等
思维与语言 〔俄〕维果茨基
儿童的人格形成及其培养 〔奥地利〕阿德勒
社会心理学导论 〔英〕麦独孤
系统心理学：绪论 〔美〕铁钦纳
幼儿的感觉与意志 〔德〕蒲莱尔
人类的学习 〔美〕桑代克
基础与应用心理学 〔德〕闵斯特伯格
荣格心理学七讲 〔美〕霍尔 等

其他图书

如何成为卓越的大学生 〔美〕贝恩
世界上最美最美的图书馆 〔法〕博塞 等
中国社会科学离科学有多远 乔晓春
国际政治学学科地图 陈岳 等
战略管理学科地图 金占明
文学理论学科地图 王先霈
大学章程（1—5卷） 张国有
道德机器：如何让机器人明辨是非 〔美〕瓦拉赫 等
科学的旅程（珍藏版） 〔美〕斯潘根贝格 等
科学与中国（套装） 白春礼 等
彩绘唐诗画谱 （明）黄凤池
彩绘宋词画谱 （明）汪氏
如何临摹历代名家山水画 刘松岩
芥子园画谱临摹技法 刘松岩
南画十六家技法详解 刘松岩
明清文人山水画小品临习步骤详解 刘松岩
我读天下无字书 丁学良
教育究竟是什么？ 〔英〕帕尔默 等
教育，让人成为人 杨自伍
透视澳大利亚教育 耿华
游戏的人——文化的游戏要素研究 〔荷兰〕赫伊津哈
中世纪的衰落 〔荷兰〕赫伊津哈
苏格拉底之道 〔美〕格罗斯
全球化时代的大学通识教育 黄俊杰
美国大学的通识教育 黄坤锦
大学与学术 韩水法
国立西南联合大学校史（修订版） 西南联合大学北京校友会
发展中国家的高等教育 〔美〕查普曼 等